お金がザクザクやってくる

宇宙の錬金術

服部エリー

サンマーク出版

遠い、遠い、はるか古代の記憶……。

人々は、金属をひとなでするだけで、
まばゆい黄金に変えてしまう
〝錬金術〟を身につけていました。

かぎられた人だけに伝承されていた錬金の技術。
その鍵になるのは、ただひとつのこと。

それは……

自分の〝力〟を信じること。

それから長い年月が流れ……。
もはや錬金術は、
忘れ去られてしまったのでしょうか？

いいえ、そうではありません。

いまもまだ、　その力は生き続けています。

気づき、目覚め、信じさえすれば、
誰でも使えるのです。

〝宇宙の錬金術〟を……。

お金がザクザクやってくる　宇宙の錬金術　目次

第3章 お金をグイグイ引き寄せる〝意図〟の放ち方

第4章　本当の〝自分のエネルギー〟がお金を引き寄せる

第5章 お金を〝現実化〟させるために大切なこと

エピローグ　お金がザクザクやってくる自分の〝つくり方〟

構成　山田由佳
ブックデザイン　櫻井 浩（⑥Design）
著者撮影　鵜川真由子
本文イラスト　仲谷まどか
本文ＤＴＰ　朝日メディアインターナショナル
編集協力　乙部美帆
編集　斎藤竜哉（サンマーク出版）

プロローグ

これからの時代、お金に恵まれる人、お金に困る人の違いとは？

いつもお金に不自由していた私が何でこんなに変わったのか

こんにちは！　服部エリーです。

この本では、「どうしたらあなたが今後、お金に恵まれるか？　潤沢なお金を手に入れられるか？」ということについて、お話ししていきたいと思います。

まずは、なぜ私が「お金を手に入れる方法」をお伝えしようと思ったかをお話ししますね。

かつての私は本当にポンコツ人間で、いつもお金に不自由している状態が続いていました。それがあるときから人生がうまくいくようになって、お金にも困らなくなったんです。

どれくらいカツカツだったかというと、当時は派遣ＯＬをしていたのですが、携帯電話の料金やガス代さえ払えないときがあったほど。

それがアカシックリーディング（初耳の方もいるかもしれません。アカシックリーディングについてはのちほど説明しますね）を始めると、ビジネスとしてポンとうまくいくようになりました。

「え？　こんなにかんたんなことで、こんなにお金をもらっていいいんですか？」と思うような状況になったんです。

ビジネスだけでなく、とくに何もしていないのに「これどうぞ。あなたの願いのために使ってください」といきなり１００万円を差し出してくれる人が出てきたり、「あ、今月支払いが残っているのに、使いすぎちゃってお金が足りない！」というときに、スタッフが「じゃあ、私が貸しますよ」と言ってすぐに入金してくれたりと、お金に関して驚くことが次々と起きるようになりました。

アカシックリーディングが仕事としてうまくいったのは、私がビジネスの手腕に長けていたからというわけではありません。

そもそもアカシックリーディングを始めたときには「これをビジネスにしよう」とはこれっぽっちも思っていなかったし、一般的なビジネスの知識ももっていませんでした。

いまは会社を設立して代表になっていますが、だからといって一般的なビジネス知識にくわしくなったかというと、じつはいまもそんなにくわしくありません。

でもずっとお金は潤沢に流れ続けていて、不自由することはありません。

そこで、あるとき考えました。

なぜ、このような急な変化が私に起きたのだろう？

ビジネスの知識もない私がお金を循環させることができるようになって、お金を呼び寄せることができるようになったのだろう、と。

また私のまわりには、私と同じようにスピリチュアル関連のことをやりながらも、お金に不自由している人がたくさんいました。

探究していることはすばらしく、お話もおもしろいのに、お金に関してはうまくいっていないのです。

そして私と彼女たちの違いは、いったい何だろうとも考えました。

すると、見えてきたことがありました。

それは、**いまの時代だからこその、お金を自由に手に入れるためのコツ**でした。

そのコツとは、私だからうまくいったというものでもなく、アカシックリーディングだったから繁盛したというものでもありません。

人や手段は選ばないのです。誰もができるやり方であり、どんな商売・手段でも共通に使えるコツです。

だから、「こんなにかんたんな方法なら、みんなとシェアすべき」と思いました。

だって、みんながラクにお金を稼げるようになったほうがいいし、がんばったぶんの報酬をみんなが受け取ったほうがいいからです。

それが、この本を書こうと決めた理由です。

ワクワクすることだけやっていてもお金は手に入らない

いま、時代がどんどん変わっていく変化の時期。だからこそ、お金に関しても、たくさんの本が出て、いろんなことがいわれていますよね。

なかでも、とくにスピリチュアルの分野でよくいわれているのは、「ワクワクすることをしよう、そうすれば、お金は入ってくる」というもの。

ビジネスの世界でも、大好きなことをすれば、それがお金になるということがいわれるようになりました。

もちろん、それはそれで正しいのです。インターネットやSNSで、どんな人でも発信ができるようになった時代、自分がワクワクすることをお金に換えやすくなったのは事実です。

でも、その一方で、ワクワクすることをしているのに、大好きなことを発信しているのに、それがお金にならないという人を、私はたくさん見てきました。

とくにスピリチュアルなことを追究している人の多くは、とてもピュアな心で、自分が本当に大好きなことに、とことん取り組んでいる人が多い。

でも、それでしっかりお金を稼いで、回している人というのは、ほんの一握りではないでしょうか。

こんなことをいうと、いまの時代に希望をもっている人の気持ちに水を差すようで、少し申し訳ない気もするのですが、はっきりいうと、**「ワクワクすること」「大好きなこと」をしているだけでは、それがそのままお金に結びつくとはかぎらない**のです。

ただ、ひとつはっきりいえることは、以前よりもかんたんにお金を稼げる時代になったということです。

なぜかというと、お金そのもののエネルギーが、どんどん軽くなっているからです。

これについては、あとの章でもう少しくわしく説明したいと思いますが、お金の取り扱いが、以前にくらべてラクになっているのを感じている人は多いのではないかと思います。

たとえば数十年前までは、光熱費や年金の保険料を支払うには、わざわざ銀行の窓口まで足を運ばなければなりませんでしたが、いまは口座振替が主流です。

口座振替での支払いのほうが、行動そのものも心理的負担も格段に軽いですよね。

同じ「お金を支払う」という行為が以前に比べて、がぜんラクにできるようになりました。

また、お金の振り込みも、以前は銀行に行く必要がありましたが、いまはそのほとんどの作業を、自宅のパソコンの前で済ませることができます。

電子マネーや仮想通貨の普及は、それをさらに加速させています。わざわざ重い現金やお財布を持ち歩かなくても、いちいち現金の出し入れをしなくても買い物ができるようになりました。

つまり、お金をどんどん軽く扱えるようになってきているんです！

なぜかといえば、お金とは昔は紙でできたお札であり、銀や銅などの金属でできたコインを指していました。

そもそもお金は貝や石を交換することから始まって、やがては金＝ゴールドと交換するための証明書として紙幣が生み出されたわけで、お金とはかぎりなく「物質」のエネルギーをもっていたのです。

それがいまや、実体のない、軽い、そして流動性がある「見えないエネルギー」へと姿を変えつつあるわけです。

このようにお金そのもののエネルギーが軽くなってきたことで、**より軽く、よりかんたんにお金を手に入れることができるようになってきたのです。**

昔の、たとえば昭和の時代であれば、大人たちが子どもを諭して言う決まった言葉に、こんなものがありました。

「お金を稼ぐのは大変なことなんだ。額に汗をかかないとお金は手に入らない」

でも、いま世の中を見渡してみると、ユーチューブでおもしろい動画を流すことで、年端もいかない子どもや猫、犬といった動物たちでさえ、年商数億円のお金を稼ぐことができるようになってきました。

つまり、お金を稼ぐのは、以前の時代にくらべて、どんどんかんたんになっているし、そのチャンスや手段は、見つけようと思えば、いくらでも見つけることができる。

そんな時代になってきたということです。

自分の価値を認めてあげたらお金の流れが変わった！

だけど、かんたんにお金が稼げるようになってきたことと、ワクワクすればお金がやってくる、ということはちょっと違います。

もちろん、なかにはワクワクすることをやってお金を稼いでいる人もいるでしょう。

でも、たとえばユーチューバーで年に数億円も稼ぐ人が、ワクワクすることばかりをやっているかといえば、そうはいえないでしょう。

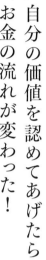

何万人もの人が見て、「おもしろい！」と思える動画を、クオリティを下げることなく、定期的にアップするというのは、並大抵のことではありません。

好きで始めたとしても、実際はワクワクすること、大好きなことばかりではないはずです。

それは、どんな仕事でも同じこと。ワクワクすることだけをしていて、気がついたらお金が入っているなんて、ムシのいいことは、そんなにあるものではないのです。

私もアカシックリーダーという仕事を、たんにワクワクするから、大好きだから、という理由だけで始めたわけではありませんでした。

その経緯ものちほど語っていきたいと思いますが、アカシックリーディングをやりなさい、という〝声〟が自分の内側から聞こえたとき、正直、自分にそんなことができるのか半信半疑でした。

それでも、おそるおそるクライアントを募集してやってみたところ、少しずつ、自分でもできそうだという手応えを感じていきました。

と同時に、「エリーさんのおかげで、悩みが解消しました」「自分の進む道がわかりました」などという声をいただくたびに、アカシックリーディングとはすばらしい価値があるものなんだ、ということを実感するようになってきたのです。

当初、当時のSNSの主流だったミクシィを通して、1回数千円から始めたアカシックリーディングのセッションでしたが、受ける人にとってもとても価値のあるものだからと、数万円の値段をつけるようになりました。

やがて、リーディングを受けた人がネットやSNSで投稿したりして口コミで広まると、申し込みがどんどん増えて、追いつかなくなってしまいました。

そこで、ビジネスコンサルタントをしていた友人に相談してみたんです。

少し休みを取りたいので、申し込みが減る方法を教えてほしい、と。

すると、その友人からのアドバイスは、こんなものでした。

「だったら、値段を倍にしたらいいよ」

私はびっくりしました。だって、数万円でも高いぐらいだと思っていたんですから。

でも、たしかに申し込みは減るだろうし、ラクになるなら……と思い切って倍の値段にしたのです。

ところが、驚いたことに、申し込みは減るどころか、相変わらずすぐに予約が埋まってしまいました。

そんなことがあって、私は考えさせられました。

これまでずっと、「自分にはその価値がない」とばかり思ってきた。値段をつけるのにも、自分だったらこのぐらいの価値、と低めの値段を設定していました。

でも、思い切って値段を上げたら、申し込みが減ることはありませんでした。それどころか、値段を上げる前よりも、もっと熱心で質のよいお客さんがやってくるようになったんです！

つまり、私が気がついたのは、こういうことです。

自分には、それだけの価値がある――。

商品に価値があるのではなく、自分自身に大きな価値があるということです。

心の底から、そう思えるようになったとき、私は自信をもって自分のやっていることに高い値段をつけられるようになりました。

それによって、お客さんも喜んでくださるという、豊かさのよい循環ができてきたんです！

前にお伝えしたように、お金は時代とともに、物質としての重たいエネルギーから、目に見えない軽いエネルギーへと変わってきました。

これまでのようにお金が世の中を動かしているもっとも「偉い」ものだという価値観は影をひそめ、お金はよりかんたんに扱えるようになり、ちょっとした工夫をすることで、すぐに入ってくるものになりました。

では、そういう時代のなかで、お金を手に入れるためにいちばん大切なこととは、いったい何なのでしょうか。それは……。

自分の価値に気づき、それをきちんと認めてあげること。

これからの時代、いくら才能があっても、すぐれたスキルをもっていたとしても、「自分には価値がある」と思えなければ、なかなかお金はやってきません。

一方、自分には価値がある、と気づき、信じている人。自分がする仕事、自分が生み出すものにはすばらしい価値がある、と思って行動し、実践する人には、その思いにふさわしく、お金が入ってくるようになります。

要は、まず最初に自分の存在をまるごと認め、自分の根っこをしっかりと張ることなんです！

だから、世間の常識に合わせて資格をとったり、自分がしたくもない分野のスキルを磨いても、あまり意味がありません！

それよりも、自分のなかにすでにあるものに気づいて「これこそが私だ！」と自信をもてるようになることのほうが何万倍も大事。

どちらかというとマニアックで、その人しかできない何かをもっているほうが、お金を手に入れやすいのです。

世間の人が何だかわからないものでも、本人が絶対の自信をもって、「これがおもしろい！」「これがすばらしい！」「これこそが最高だ！」と信じて発信したり、つくったものに、価値が乗ってくるのです。

そして、それがお金に変わります。

「エネルギーを下げる」ことで、お金は現実のものになる

そして、もうひとつ、この本でお伝えしたい大切なことは、お金を得るためのエネルギーの使い方です。

この世の中にあるあらゆるものは固有の振動数を発していて、各々がエネルギーをもって存在しています。

それは人でも同じ。誰でもその人独自のエネルギーを発しているのです。

そして、何を思うか、考えるか、どんな生き方をするかで、エネルギーはだいぶ変わってきます。

「誰が何と言おうと私はこれが好き！」「これをやっていると楽しくてしかたない」

「これをやっていると超しあわせ」というものはあるけれど、とにかくお金はない……。

あなたはこのような状況ではありませんか？

このような人って意外と多くて、私のまわりにもちらほらいます。

とくにスピリチュアルな活動をしている人にありがちなのは、大好きなことをしていたら、お金は二の次。ワクワクしていたら、お金はあとからついてくる。いい気分でいれば、自動的にお金は入ってくる……などという生き方をしている人たち。

もちろん、しあわせならば、それはそれでいいんですが、自分の大好きなことでお金を稼ぎたいと思いながら、実際にお金に不自由していない人は、そのうちのほんの一握りです。

こういう人は、ふわふわと舞い上がるような、「宇宙とつながる」エネルギーを大切に生きています。こまやかで純度の高いエネルギーを発しているともいえますが、それだけでは、お金を手に入れるのはむずかしいのです。

なぜなら、お金のエネルギーはより「現実的」なエネルギー。
大地に根ざして、物質（生活）を生み出していく、力強く、重たいエネルギーです。
大好きなことを追究することは、お金になる元を手に入れることにつながりますが、それを実際のお金として手に入れるためには、ふわふわしたエネルギーでなく、**重たく現実的なエネルギーを使わなければならないのです。**

スピリチュアルな世界を知っている人は、波動が高い、すなわち振動数がこまかいエネルギーで生きるのが「よいこと」で、「波動の低い」エネルギーで生きることは「よくない」ことだと思っています。

でも、現実にお金を生み出すには、どうしても波動の低いエネルギーを使うことが必要になってくるのです。

あえて、エネルギーを下げること。そのエネルギーの使い方を知ると、お金を生み出すことができるようになってきます。

自分の価値に気づき、自分が大好きなことがわかっている——お金を稼ぐための大事な第一段階をクリアして、すぐそこまでお金はやってきているのに、受け取るところまでは至っていないという惜しい人は、ぜひこのエネルギーの使い方を意識してみてください。

そのためには、どうしたらいいか。それも、のちほどくわしく説明していきますね。

この本では、お金を手に入れるためにワクワクした生き方をしよう、ということを語るだけの本ではありません。

むしろ、これまでそんな生き方を志向してきてうまくいかなかった人が、**現実にお金を手に入れるにはどうすればよいか**——そんな視点からまとめてみました。

私自身の経験も振り返りながら、できるかぎり、お金を自在に生み出すための秘訣《ひけつ》に迫ってみました。

少しでも、みなさんのお役に立てたら、うれしいです。

第1章

お金の〝エネルギー〟がどんどん変わっている!

お金に関する行動は、何でこんなに〝おっくう〟なの？

お金がほしいですか？　と聞かれて、ほしくないと答える人は少ないでしょう。

ほとんどすべての人がお金は大好き！　できることなら、なるべく多くのお金を手に入れたいと願っていることでしょう。

でも、お金に関する行動に関してはどうでしょう？

たとえば、ふだんの生活のなかで、お金がかかわってくることについて、こんなふうに感じることはありませんか？

支払うべき請求書を持ってコンビニエンスストアに行くのはおっくう。

会社での交通費や必要経費の精算が、つい後回しになってしまう。

自社で扱う商品の値上げに、なかなか踏み切れない。

クライアントへの値上げ交渉が超苦手……。

また、このほかにも、たとえば光熱費や国民年金・健康保険の保険料の口座振替手続き、保険や住宅ローンの見直し、家計簿の整理、スマホの契約内容の一部解除や他社への切り替え、確定申告のための領収書・レシート整理、納税……などなど。

並んだ字面を見るだけでも重く感じて、ついおっくうになってしまいますよね。

お金を手に入れたいという思いとはうらはらに、お金に関する行動というのはとくに重い。

それがお金を手に入れることにつながることであっても、けっきょく行動できずに「やっぱりうまくいかない」「夢がかなわない」と多くの人が嘆きます。

「自分はお金に関することが苦手でイヤになる」「自分はお金にだらしなくて……」

こんなふうに思う人も、きっと多いと思います。

でも、そんなふうに思う必要はないんです。

なぜなら、**そもそもお金に関する行動というのは誰にとっても基本「重い」もの**だからです。

なぜそうなのかといえば、前に述べたとおり、お金のもっている〝エネルギー〟が、そもそも重たいものだからです。


すべての物質はエネルギーでできている、という話を聞いたことはありませんか？

この宇宙にあるすべてのモノはエネルギーでできています。

机や椅子、家の壁や床、パソコン、スマホ、洋服、バッグ等、そして私たち人間を含んだ生物も、何もかもがエネルギーで成り立っています。


どんな物質も、こまかく分解していくと、最後は分子や原子になります。

原子にはその中心に原子核があり、そのまわりを電子がぐるぐると回っています。

そこにはエネルギーが生じています。

スピリチュアル的にみると、その振動数がこまかいものをエネルギーが高い、振動数が粗いものはエネルギーが低いと考えます。

低いエネルギーというのは重くもあるのです。


そして、お金のもつエネルギーというのは、基本的には低くて重いんです。

したがって、お金に関する行動というのはどうしても重くなってしまう。

多くの人にとってサクサクと進まない場合が多いのです。

なぜ、お金にパワーがあると錯覚させられてきたのか

ではなぜ、お金のエネルギーというのはそれほどまでに重いのでしょうか。

お金には、ある〝意図〟が乗っているためです。

それは、「**お金こそが、この世の中で最強のパワーがある**」というもの。

本来、この宇宙のなかでいちばん強いパワーをもっているのは、私たち人間です。でもいまの社会では、お金のほうがパワーがあることになっています。というより、多くの人がそう錯覚しているんです。

この世の中にあるモノをパワーのある順にピラミッド型に並べていくと、現在の社会では、トップに来るのはお金。人間はお金の下に位置してしまうのです。

その証拠に、人の命よりも経済活動のほうが重視されるという場面が、日本を含めて世界のあちらこちらで見られます。

だから私たちは、お金がとても価値があってすごいものだと思っています。

お金がありさえすれば何でもできるし、どんな問題も解決できるし、お金をたくさんもっている人は「すごい！　エラい！　カッコイイ！」となります。

たしかに、お金はいまの時代にはとても大切なもので、お金をたくさん稼ぐことも、大きな資産を築くことも、誰にでもできることではなく、すごいことです。でも、人間の本当の価値は、お金の量で決まるわけではありません。

お金＞私

▼

私＞お金

でも、多くの人が、お金に巨大なパワーを与えすぎてしまっていて、稼いでいる額、もっている金額＝自分の価値だと思っていたり、お金と自分の価値を結びつけすぎたりしています。

こういう意識を、多くの人が何世代も引き継いで刷り込まれてきたのですから、「お金って、すごい」という意識は、とてつもなく強固なものになっています。

自分より偉大で価値のあるものとして、「お金さま」

を崇める人生を送っているのです。

でも、よく考えてみてください。

最初にお金を生み出したのは、私たち人間です。

つまり、お金より圧倒的な創造のパワーをもっているのが、私たち人間なんです！

だから、あなたがこれまでまったくお金を稼げなかったとしても、お金と無縁な人生を歩んできたとしても、またどれだけ借金があろうと、自分を卑下する必要などないのです。

お金がないのなら、自分で生み出せばいいだけです。

あなたには、好きなだけお金を創造する力が備わっているのですから！

私たち人間は本来は何でもクリエイトできるようになっていて、たとえば「100万円ほしいな」と思ったら、ほんの少しのアイデアでかんたんに手に入れられます。

でも「それはむずかしいことだ」と思わせる最強のパワーの意図が、お金には乗っているんです。

さらに、お金にはさまざまなルールがあります。

紙幣や硬貨は勝手に作ってはいけないし、国によって使えるお金もまた、それぞれ違います。

また「ATMで一度に引き出せる現金は○円まで」「海外送金をする場合はこのように」など多くの決まりがあります。

お金は、硬貨や紙幣なら、銅やアルミ、紙でできたただの物質にすぎません。

でも乗っているものがあまりに多いので、エネルギーがさらに重くなっているわけです。

ちなみに、エネルギーが低いものは、不安や怖《おそ》れを抱きやすくさせるものでもあります。

私たちがお金に関して不安を抱きがちなのは、じつはお金のエネルギーの低さゆえなのです。

ではなぜ、そのような意図が乗っているのでしょうか?

じつは、そこには、**社会構造を維持するための一部の人たちの意向が反映されている**のです。

いまの私たちの社会には首相や大統領、知事、区長、市長、村長といった、社会を統率するリーダーが存在しますね。

それは私たちがこの世の中でできるだけ気持ちよく共存していくために考え出されたシステムです。

みんなが好き勝手なことを言ったりやったりしていては社会は回っていかないので、統率するリーダーが現れました。

本当は、一人ひとりの人たちはみんな、パワーをもっているのですが、すべての人が自分にパワーがあると気づいてしまったら、リーダーは人々を統治することができず、この社会のシステムが成り立たなくなってしまうからです。

そこでお金にパワーがあるというように、多くの人たちに錯覚させました。
人間より大きなパワーを与えることで人間をコントロールしようとした……。
それが人類の長い歴史のなかで、連綿と続けられてきたんです！

だからお金のエネルギーというのはとても重い。
お金に関する行動というのもとても重くなるし、「お金を稼ぐのはタイヘン」という意識もそこから生まれてくるのです。

自分が「おもしろい」と思えば、エネルギーが宿る

ところが、いま時代が大きく変わっています。

お金をめぐるエネルギーと社会構造が変化し、**誰もがお金に関する行動が軽々とできて、お金を自由に手に入れることができるようになってきている**んです。

お金は「とても価値のあるもの」「何よりもパワーのあるもの」という意識づけが徐々に薄れています。

消費者の立場からすると、お金をどんどん使いやすくなるので、出費が増えるという危険もあります。

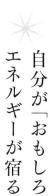

しかし逆の立場になれば、お金がどんどん入りやすい状況になっているといえます。アイデアさえあれば、誰もがラクにかんたんにお金を稼げるようになってきています。

これまでのように、融資を受けるために銀行に事業計画を出したり、資本金調達のために株式を発行するといった煩雑なことが不要になる。

「ちょっとお金がほしい」「自分の好きなことをやって稼ぎたい」と思ったとき、すぐに起業できたり、クラウドファンディングでお金を集めたりと、かんたんにそれができるようになってきているんです。

それでは、そんな時代のなかで、お金を手に入れるためには、実際にどうすればよいのでしょうか？

これからの時代は、**〝自分のエネルギー〟がお金を呼び寄せます。**

エネルギーがお金を呼び寄せるとは、いったいどういうことでしょうか。

たとえば少し前に、芸人のピコ太郎さんがペンとリンゴを手に持つ振りをしながら踊って歌うギャグ（?）を流行《はや》らせました。

あの歌と踊り、何かすごいものを含んでいたかというとそんなことはありませんね。人の心を打つ歌詞が綴《つづ》られていたわけでもなく、凝ったメロディだったわけでもない。

それがなぜあれほどの人気を博したのかといえば、それはピコ太郎さんのエネルギーが凄まじかったから。

おそらくピコ太郎さんは「この芸、すっげえおもしろい！　ゼッタイおもしろい！」と信じて疑わなかったはずなんです。

「中身がなさすぎやしないか?」「ウケなかったらどうしよう?」などと微塵《みじん》も考えていない。

自分のなかでは「超ウケる〜！」と思っていたはず。

それによって、「おもしろい！」「ヤバイ！　超楽しい〜！」といったエネルギーが彼の芸に乗ったんです。

だからあの芸を見た人は、（とくに大人は）「あれ？　何も中身がないじゃん」と気づきつつも楽しい気分になったり、クスリと笑ってしまった。

それは、彼の芸に乗ったエネルギーに惹《ひ》きつけられたのです。

その後、ピコ太郎さんの元にたくさんのお金が集まったことは、容易に想像できますね。


同じように、いま多くのユーチューバーが登場していますが、人気のあるユーチューバーは、エネルギーで人を惹きつけられる人です。

また、人気のブロガー、インスタグラマーなども然《しか》りです。

趣味が合わない人や興味がない人にとっては「何がおもしろいの？」「どこがいいの？」と思うような内容が、ほかの人たちの間では爆発的にウケている場合があり、それによって彼らはしっかりお金を稼いでいます。

それもまた、発信する側が**「これはおもしろい！」「楽しい！」「とにかくいい！」と思いながらやっている。**そういうエネルギーを発しているからです。

正直、内容が大したものでなくても、エネルギーが乗っているから、この「これはおもしろい！」「楽しい！」「とにかくいい！」というエネルギーに惹きつけられて人とお金が集まってくるのです。

たとえば人が、好きなミュージシャンのライブや、気になる講師のセミナーなどに行くのも、エネルギーを受け取りたいから。

いまの時代、歌を聴いたり話を聞くだけだったら、家にいてもいくらでもできますよね。

それをわざわざ、時間とお金をかけてほかの場所に出かけていくのは、その場でしか得られないエネルギーがあるから。実際に会うからこそ得られるエネルギーがあるからです。

ライブやセミナーなどに行って「ああ、よかった」というのは、エネルギーをもち帰っているということなのです。

このように、人はエネルギーに惹きつけられ、そのエネルギーを求めてお金を払うんです。

中身ではなく、エネルギーを先に決めてしまう

これまでは、多くの人にとってわかりやすいもの、たとえば学歴や資格、あるいは容姿のよさなどを身につけた人がお金を得られる時代でした。

だからがんばって勉強したり、能力を磨く努力をする人が多かったのです。

でもいまは違います。

その人が「これは楽しい！　すごい！　おもしろい！　価値がある！」というエネルギーをどれだけもっているかが大事。

商品なら、どれだけのエネルギーがそこに乗っているかが大事。のちほどくわしくお伝えしますが、エネルギーを増やすのはとてもかんたんです。

また、重要なのはエネルギーなので、お金を得る手段については、あまりこだわる必要はありません。

これまでの常識で考えると、つい「人の役に立つことは何か？」「社会的に評価されているものは何か？」「効率よく稼げるか」などと考えてしまいますよね。

しかし、そうしたことはさして重要ではありません。

大事なのは、ただただ「これは、楽しい！」「これは、すごい！」「これは、おもしろい！」と自分が１００％思えるものかどうかです。

そこをクリアしていれば、普通に考えたら「それってどうなの？」と思うようなことでも、中身がしっかりしたものでなくても大丈夫なのです。

そして商品にどれくらいのエネルギーを乗せるかは自分で決めていい。

というより、自分で決める必要があります。

私が何かの商品や企画を考えるときというのは、中身は真っ白なまま、最初にぼんやりとしたタイトルだけを考えます。

そして、たとえば「願いをかなえる講座」と決めたら、中身は考えずに「この講座のエネルギーの感じはいくらくらいだろう」と考える。

「5万円にしよう」と決めると、そこに5万円分のエネルギーが流れてきます。

必要なのはエネルギーを決める力であって、5万円分の内容を考える力ではありません。

エネルギーが決まれば、中身も自然と決まってきます。

大切なのは、先に「これは5万円の価値がある！」と決めることなんです！

アイデアと行動力があれば、誰でもお金を得られる時代

ただ、お金という紙幣・貨幣自体の価値が弱まってきたとはいえ、まだまだ私たちが一生を終えるまでに、「お金の価値＝ゼロ」になるようなことはないと思います。

「これからはお金の時代じゃない」「お金をたくさんもつことがいいこととはかぎらない」……そんな声も聞こえてきそうで、それもまた、たしかにそうなのですが、やはりお金を生み出す力、お金を手に入れる力をもっていることは大切だと思います。

20代のころ、派遣ＯＬをしていた私は、さまざまな会社を転々としていました。

本当に飽きっぽくて適当で、仕事にも飽きてしまうので、1年おきくらいに会社を

替えていました。

そんなショボいキャリアなので、お給料だって、手取り20万あればいいほうだったし、さらに、そのお金を貯金もせずに、スピリチュアルやほかの好きなことに使い果たすものだから、毎日カツカツの生活！

はっきりいってお金とは無縁の20代でした。

やがて結婚して専業主婦になって子どもを産み、時間と気持ちに余裕ができたので、趣味でスピリチュアルのホームページを立ち上げ、何気なくスピリチュアルビジネスを始めてみました。

するとあっという間に火がついて、売れっ子と呼ばれるようになりました。

もちろん、すぐにたくさんのお金を稼げたわけではありません。

でも、自分のアイデアや発信したものがお金に変わっていく、自分の手で稼いでいるという喜びやおもしろさに目覚めてからは、何より楽しかったですし、本当に軽やかにお金を得ることができるようになりました。

そのころ、せっかくビジネスとしてスピリチュアルをやっていくなら、ちゃんと目標を設定して稼ぎたいと思い、当時流行っていた「月収100万円！」というのを目指して、ビジネスコンサルを試しに受けたことがあります。

専業主婦だったし、当時の旦那の収入を超えたかったというのもありました。

その男性のコンサルタントは、何十年とネットビジネス業界を見てきた人で、ビジネスの知識がふんだんにある人でしたが、私にこのように言ったのです。

「あなたのジャンルと発信の内容からすると、しくみをつくってがんばっても、**月100万いけるかどうかですね**」……。

そう聞いて、私はがっかりしました。

そうか、いろいろ工夫してがんばってみたところで、なんとか100万円を稼ぐのが関の山なのか。

そこまでの道のりもまた、やはり長いんだろうな……。

そう思うと、気持ちが萎えてしまいました。


そのまま、彼のコンサルを受けていたら、なんとか月収100万円に到達していたかもしれません。

でも、私はそこにときめきを感じませんでした。

私はコンサルを受けることをやめ、いまの自分にできることを着実にやっていこうと決めて、そのあとも、自分の直感やアイデアを信じて、発信を続けていきました。


そして、いっさいビジネスを学ばず、コンサルも受けずに、自分の直感とインスピレーションとアカシックリーディングの情報だけを頼りにやっていったのです。

すると、なんと半年も経たないうちに月収は100万円をするっと超え、それから

1年も経たずに、最高月商900万円に到達したのです！

もちろん、そこに至るまで何もしなかったわけではありません。

自分なりにアイデアをひねり、それをカタチにして発信することをずっと続けました。

それは自分にとって苦労でも努力でもなく、自分の可能性や想《おも》いを表現していくのが、ただただ楽しかったのです。

前述したとおり、お金のエネルギーがどんどん軽くなっていきます。

これまでの感覚でいうと、「自分でお金を稼ぐ」「お金持ちになる」って、すごく時間がかかって、むずかしいことのように思っていたかもしれません。

けれど、これからの時代は違います。

自分の能力を活《い》かし、アイデア次第で、いくらでもお金を稼ぐことが、かんたんにできるようになっていきます。というか、そんな時代は、すでに始まっています。

さいきん、ツイッターで『月商8桁中学生』として有名になった、「キメラゴン」というハンドルネームの中学生がいます。

彼はもともと不登校で、ゲームばかりしていたそうですが、満員電車にゆられてつまらなそうに働いている大人たちを見て、こんなふうにはなりたくない！　と思い、ブログとツイッターを始めたそうです。

そして、1年で月収30万円を稼げるようになり、そこからネットで注目を浴びると、そのノウハウと情報をnoteで売り、その売上がなんと、１０００万円を超えたそうです。https://twitter.com/kimeragon01

彼の商品を私も購入しましたが、中学生がつくったと思えない完成度で、私自身もすごく勉強になりました。

彼がビジネスを始めたころ、「中学生なんだから勉強しろ！」とか、「イヤなことから逃げてないで学校に行け」といった、アンチコメントがたくさん寄せられたそうです。

でも、彼はそんな誹謗《ひぼう》中傷には目もくれず、自分の信じる道を貫いたそうです。その結果、大人顔負けの成果を挙げたのです。ほんとにすごいですよね！

でも、これからは、年齢にかかわらず、こういう人がどんどん現れるでしょう。**アイデアと行動力さえあれば、どんな人でもお金をかんたんに稼ぐことができる。**それがこれからの時代の流れなんです！

第2章

みんなもっている〝宇宙最強〟の力を発揮する！

スピリチュアルな世界との出会いで運命が変わった

いまでこそ、私もお金に不自由することはなく、こんなお金についての本まで書けるようになりましたが、以前の私は**ほんとに〝ポンコツ〟でした。**

「こんなエリーさんでさえお金を稼げるようになっているのだから……」と勇気をもってもらえることを願って、いかに私がポンコツだったか暴露しますね（笑）。

私のポンコツぶりはわりと幼少のころから始まっています。

というのは、私の家庭環境は複雑で、母親はものすごく厳しく、私の周囲には心から安心できる大人がいなかったのです。

子どものころの私は、ボーッとしていることが多いというか、気持ちが空想の世界に飛んでしまうことが多く、学校ではよく先生に怒られていました。

家に帰ると、またそのことで今度は母親に怒られるのです。

学校でも家でも私はいつも怒られっぱなし。「どこに行っても私は怒られるんだな、私はダメな人間なんだな」とずっと思っていました。

それがなんと、高校生のときまで続きました。

大学生になるとさすがに親や先生も干渉しないようになり、生まれて初めてというくらいに思い切り羽を伸ばしましたが、大学卒業後に運が急降下。

入社した金融関連の会社がブラック企業で、毎日深夜まで馬車馬のように働き、心身ともに疲弊して体調を崩しました。

その後は派遣OLとして働いていましたが、どこも長続きせずに、会社を転々としていたのです。

仕事だけでなくプライベートも最悪で、当時つきあっていた彼氏の浮気が発覚したり、家族関係もこじれたりと何重ものパンチを食らっている状況。

毎日つらくてつらくて、もう自分なんてこの世のゴミなんじゃないかと思う日々でした。

このころちょうど、世間ではスピリチュアルブームが起き、テレビでは江原啓之さんと美輪明宏さんが出演する番組『オーラの泉』が人気を博していました。

あるときこの番組をボンヤリと見ていると、江原啓之さんが「**自分の人生で起きることは、全部自分で決めて生まれてきたのだ**」という意味のことをおっしゃったのです。

この言葉に思わず「え？」と反応しました。

私はいまこんなにつらい状況に置かれていて、何とかしたい、でも何ともできないでいて悲しんでいるのに、それを「自分で決めている」というのはどういうこと？

江原さんは何を言っているの？

半分キレぎみで、「どういう意味？」とテレビ画面を睨《にら》んだのです。もう本当に訳がわからない！　と思いました。

そうなったら自分で調べるしかありません。まずは本を読み、次は講座を受けに行くという具合に、どんどんスピリチュアルの世界に入っていきました。

アカシックリーディングで自分の価値に目覚めた

スピリチュアルの世界は、とても興味深く、私の好奇心をくすぐりました。

そしてどんどんディープな世界に入り込んでいったのです。

でもだからといって仕事や恋愛、家族関係がうまくいくようになったわけではなく、気持ちは宙ぶらりんのまま。

そんな状況に追い打ちをかけたのが、2011年3月11日に起きた東日本大震災でした。

当時の私は契約の狭間で職はなく、お金も夢もない。すがれるものが何もないなかで、テレビをつければ震災や原発のニュースが次々流れてきます。

「これから日本はどうなっちゃうのだろう？　私は？　私こそヤバイじゃん！」と、私はパニックに陥りました。

そんなときです。

「**アカシックリーディングをやりなさい**」という声が聞こえました。

いわゆる宇宙の声というものです。

あぁ、これが宇宙の声というものか、とはっきりわかるものでした。

アカシックリーディングとは、アカシックレコードを読み込むこと。アカシックレコードとは、宇宙にある「情報の図書館」です。

エネルギーなので目には見えず、科学的に証明できるものではありませんが、遠い過去から現在までの出来事、さらに今後どうなるかという未来の出来事までが記されているのです。

さらに、そこには私たち個人の記録もあり、もちろんあなたの記録もすべて書き込まれています。

だからアカシックレコードにつながれば、宇宙のどの星で生まれて、そこから何をして、どの星を経由し、どんないきさつで地球にやってきたかがわかります。


つまりアカシックリーダーとは、これらの膨大な情報にアクセスして必要な情報を下ろして読み込んで、人に伝えるという仕事なのですが、いきなりそれをやりなさいと言われた私は戸惑いました。

だいいち、やり方すらわかりません。どうやってやったらいいのでしょうと聞いても、「ただ、やりなさい」という声が返ってくるだけです。

最初のうちは、そんな声は聞こえていないと「聞こえないふり」もしました。

しかし、なおも「やりなさい」という声が聞こえる。

そして最終的には「じゃあ、やってみよう」と腹をくくりました。


まずは、当時のSNSの主流だったミクシィで「あなたのアカシックリーディングをします」と告知しました。

するとすぐに何人かの人から申し込みがあり、やり方は半信半疑ながらもやってみて「あなたへのメッセージです」と読み込んだ情報の内容を送りました。

驚いたのは、その後に届いた感想です。

「どうして私のやりたいと思っていたことがわかるんですか?」「私の生活をどこからか覗かれているのかと思いました」といったものがほとんどだったのです。

これによって「私はできるんだ」と思いました。

同時に「**アカシックリーディング、ヤバイ!**」と思ったんです。

もちろん、いい意味での「ヤバイ！」です。

アカシックレコードには、地球上に住むすべての人の人生のミッションも記されています。

すべての人はこの人生で何をやるのか、何を目的として生きるのかをあらかじめ決めてこの星にやってきます。

いわばミッションという「人生の企画書」を携えてやってくるのですが、アカシックレコードにつながれば、あなたの人生のミッションもわかります。

かつての私がそうでしたが、「私はいったい何者なのだろう」「これから何をしたらいいのだろう」「今後どういうふうに生きていけばいいのだろう」などと悩むことがありますよね。

そんなとき、アカシックレコードにつながれば、自分はどんな目的で地球にやってきて、どういう存在なのかを知ることができるので、「いま、自分はこういう位置にあって、これからはこういうことをやっていけば絶対うまくいくんだ」ということがわかるのです。

つまり自分のアカシックレコードにつながると、自分のことがよくわかるのですごくラクになるのです。

実際にアカシックリーディングをした人たちの「感動しました」「ものすごくラクになりました」といった感想は、それを証明するものでした。

そして「これはヤバイ!　こんなによいものなのだから、アカシックリーディングは絶対広めなければ!」と強く、強く思ったのです。

それから本格的にアカシックリーディングの個人セッションをすることになるのですが、前に述べたように、当初数千円で始めたセッションは、やがて数万円、さらにその倍に価格を設定しなおし、お金がどんどん流れ込んでくることになりました。

さらに、アカシックリーディングのスクールを立ち上げ、全国でアカシックリーダーを養成するようになってから、収入はうなぎのぼりになりました。

アカシックリーディングをすることで、本当に価値のあるものを広めていこうというゆるぎない意志が生まれ、そして、**そんな自分にも「価値がある！」と思うことができるようになってきた。**

自分の「価値」を認めることができるようになってからは、その価値にふさわしいお金が、私の元に流れ込んでくるようになったのです。

誰もが自分の世界では「宇宙最強」の存在！

そして、もうひとつ、アカシックリーディングは私にとって、大きなものをもたらしてくれました。

それは、私たち人間は誰もが「**願いをかなえる力をもっている**」と知ったこと。

アカシックリーディングを通して宇宙について学んでいくなかで、私たち人間が何者かということがわかった瞬間があったのです。

これは、前著『とにかく願いはゼッタイかなう！　それが「宇宙の掟」だから。』（サンマーク出版）でも触れたことなのですが、広大な宇宙の始まりは、小さな「点」のエネルギーでした。

この点が、ぐるぐる回りながら大きくなり、どんどん膨らみ、増殖して惑星が生まれ、やがて地球ができて、そこに生命が誕生しました。

この最初の点を生み出したのは誰なのか――。

それは、〝**意図**〟です。

人が創造主や神様と呼んでいるのは、この意図のこと。

つまり、何よりも先に「宇宙をつくろう」という大きな意図があり、その意図が宇宙の元となるエネルギーを生み出したのです。

そしてその意図の力は、じつは私たち一人ひとりのなかにすでに存在しています。

宇宙を生み出したのと同じ「意図の力」を携えて、私たちは生まれてきたのです。

私たちが「こうしよう」「ああしよう」などと意図すれば、その意図がエネルギーを生む。要するに、私たち人間にはもともと願いをかなえる力が備わっているんです。

これって、本当にすごいこと！

私たちのなかには、宇宙が誕生したときと同じエネルギーがあるということです。

だから本当は、**誰もが自分の世界のなかでは「宇宙最強の存在」なんです！**

それはもちろん私も同じで、私の世界では「私が宇宙最強」。どんな願いもかなえる力をもっています。

このことを知って、私は心底「人間ってすごい！」と思えた。同時に、「宇宙最強の私ってすごい！」と思えたのです。

「私のアカシックリーディングって本当にすごいよ！」

誰に向かっても心からそう言えるのは、ベースに「自分は宇宙最強なんだ」という自信があるから。

「アカシックリーディングはすごい！」だけでなく、**「私って本当にすごいよ！」**と言える自分になったのです。

アカシックリーディングを始めて、また「宇宙最強の私ってすごい！」と思えるようになって以降、本当に自分でも信じられないくらいにものごとがスイスイ運ぶようになりました。

まさに、人生が一八〇度ひっくり返る感覚！

そして、お金もどんどん循環するようになりました。

光熱費すら払えない時期があったのがウソのように、ポンとお金が入ってくるようになったのです。

エネルギーが満ちているところにお金はやってくる

さて、ちょっと長い自己紹介になってしまいましたが、ポンコツだった時代からアカシックリーディングを始めて、「私ってスゴイ！」と思えるようになった。

そして光熱費の支払いもままならないほど貧乏だった私が、潤沢にお金を稼げるようになったんです。

ではこの間に私に何が起きたかというと、それは自分に価値があるという気づきでした。

それは、アカシックリーディングを通して、私たち人間は誰もが願いをかなえる、すごい「意図の力」をもっていることを知ったからでもあります。

では、本当の自分の価値に気づき、自分こそが「宇宙最強」なんだと心から理解したときとは、どんな状態なのでしょうか。

それは、言い換えれば**エネルギーが満ちている状態**です。

たとえばすごく元気で「ワハハッ！」と明るく笑う人のそばに行くと、こちらまで元気になりますね。

あるいは穏やかにニコニコと微笑《ほほえ》んでいる人のそばに行くと、こちらまで気分がゆっくり落ち着いてくるような気がする。

逆に、ものすごくイライラしている人のそばに寄ると、こちらまでどこかムカムカしてきます。


これらはすべて相手のエネルギーに影響を受けているのですが、このように人は誰でもエネルギーをもっていて、それをまわりに発しています。

ゆるぎない自分でいるときというのは、その人のエネルギーが満ちている状態。つまり、ポンコツだった時代の私とそのあとの私とでは、エネルギーの状態が変わったのです。


ちなみに、私という人間は何も変わっていません。相変わらずポンコツな部分はたくさんあります。

でもエネルギーは変わりました。そして、このエネルギーは誰でもかんたんに変えることができるのです。

私は、「自分のアカシックリーディングには価値がある」と決めた。「もう本当にいいから！」それ以上に、「とにかく私に会いに来て！」「私に会ったら、人生変わるから！」と心から思った。

それによって私にエネルギーが満ち、そのエネルギーが、私のアカシックリーディングに乗ったんですね。

自分でいうのはちょっと恥ずかしいですが、私自身の発するエネルギーとそれが乗ったアカシックリーディングに多くの人が興味をもってくれて、それによって私の元にはお金が集まるようになったのです。

つまり、お金を稼ぎたいと思ったら、まずはエネルギーを満たすことが何よりも大事なんです！

純粋な"自分のエネルギー"を取り戻す

それでは、お金を手に入れるために、どのようにエネルギーを満たしていけばいいのでしょうか?

結論からいえば、**エネルギーをきれいにして、拡大させていけばいいのです。**

もともと、人はそれぞれ「自分のエネルギー」をもっています。

何ものにも汚染されていない純度100%のエネルギーです。

だから、生まれたての赤ちゃんのエネルギーは、純度100%にかぎりなく近い。

でも成長するにつれ、人はたくさんの情報に触れ、影響を受けます。ほかの人の考え方や価値観がどんどん入り込んできます。

だから、多くの人は、純粋な自分のエネルギーは全体の20〜30％にすぎないでしょう。

これを、できるだけもともともっていた自分のエネルギー、純度の高いエネルギーに戻すのです。自分の純粋なエネルギーでいっぱいにするのです。

純粋なエネルギーで生きるとは、どういう状態なのか。それは、夢中で遊んでいる子どもたちを観察してみるとよいでしょう。

誰が何を言おうが、他人の目などは気にせず、自分が「楽しい！」「おもしろい！」と思うことに、迷いなく突進し、時間を忘れて遊ぶのが子どもたちです。

そんな純粋なエネルギーで生きることができれば、そのぶんだけ、豊かなお金が流れ込んでくるのです。

そもそも、生まれてから子どものころまでは、私たちはかぎりなく純粋な「自分のエネルギー」に満たされて生きています。

しかし、それ以降、私たちは生きている間に、本当にたくさんの情報を外から取り込みます。

親や先生から言われた「ああしなさい」「こうしたほうがいい」ということも、テレビやネットが流す「こういう人は素敵！」「こういう人はかっこいい！」というものも、SNSで流れてくる「こんな私の生活、とってもいいでしょ？」「こんな考え方、いいでしょう？」というのも、全部外からの情報です。

これらの膨大な情報に触れていると、本来もっていた自分のエネルギーがよけいな情報に覆われてしまって、見えなくなってしまうんです。

さらに進むと、本来それらをもっていたことも忘れてしまいます。

のちほど説明しますが、私たちの肉体のまわりにはエネルギー層があります。

その人の現実というのは、このエネルギー層が反映されたもの。エネルギー層がしあわせのエネルギーで満たされていれば、その人の現実はしあわせになるし、悲しいエネルギーでいっぱいであれば、その人の現実は悲しいものになります。

つまり、願いをかなえるときには、**このエネルギー層を「願いのエネルギー」でいっぱいにすれば、それが現実に反映されて願いがかなうのです。**

このときに大事なのがエネルギーの純度です。エネルギーは純度が高いほど軽く、流れがよくなります。また、エネルギーは流れがよいと拡大しやすいという特徴があります。

したがって、エネルギーの純度が高いとエネルギーは拡大しやすく、願望の現実化は早まるのです。

エネルギーは、その人のもつ総量もとても大事です。

エネルギーがうまく流れていたとしても、その総量が少なければ、その量に見合った現実しか起こりません。

お金に関していえば、エネルギーの総量が少ない人はそれなりの金額のお金しか手に入らないし、逆にエネルギーの総量が多い人は多額のお金を手に入れられる可能性があるのです。

つまり、その人のエネルギーの総量と手に入れるお金の量は比例するわけです。

世の中のいわゆる「お金持ち」と呼ばれる人たち（資産家や経営状態のよい経営者など）というのは、どこかとてもエネルギッシュな感じがしませんか？

ギラギラとしたエネルギーを感じさせる人もいれば、ズシリと重みのあるエネルギーを感じさせる人もいるなど、エネルギーの種類は人によって異なりますが、彼らは相当なエネルギーをもっています。ゆえにお金も手に入るわけですね。

ですから日常生活にこれといったときめきを感じていないような、仕事も遊びもどこか惰性でやっているような人が「1億円を手に入れる！」と願っても、その願いに見合ったエネルギーをもっていないため、現実化はむずかしい。

たとえばその人の元に1000万円のお金が手に入るような情報が流れてきたとしても、エネルギーが足りないために、その人はその情報に気づかずにスルーしてしまう、といったことが起こります。

また、自分のエネルギーの総量と見合わないお金を手にしてしまうと、バランスが崩れて破綻してしまう、ということも起きます。

よく、高額の宝くじを当てた人が人生を壊してしまう、という話を聞きますね。これはその人のエネルギーの総量と金額があまりにかけ離れていたために、キャパオーバーが起きてしまうんです。

つまり、大きな金額のお金を手にしたいと願うなら、ふだんからそれなりの「器」を用意しておかなければならないのです。それはエネルギーの総量を増やしておく、ということ。

エネルギーの総量を増やすには、エネルギーの純度を高めなければなりません。エネルギーの純度が高まれば高まるほど、エネルギーは流れがよくなり、拡大していきます。

では、エネルギーの純度を高め、総量を増やすにはどうすればよいのでしょうか。

それは、次章以降でくわしくみていくことにしましょう。

第3章

お金をグイグイ引き寄せる〝意図〟の放ち方

お金についてのネガティブな口グセを一掃する

「お金がない！」

「今月はピンチ」

あなたは、このような言葉をつい口に出していませんか？

もしそうだとしたら、まずはこれらの言葉を封印しましょう。

「今月はピンチ！」と言っている人のなかには、先月も先々月も同じことを言っていたなと思う人がいます。

そういう人は、けっきょく「今月はピンチ！」なのではなく、たいてい「いつもピンチ」。

いつもピンチな人は、じつは無意識のうちに自らピンチになる状況をつくり上げているという可能性があります。

先ほど、「私たち人間はもともと願いをかなえる力をもっている」とお伝えしました。

宇宙を創造した「意図」と同じ力を、私たち一人ひとりがもっているのです。

でも、意図の使い方を間違えてしまうと、大変。

ネガティブな意図を放つと、その意図はそのままかないますし、無意識に意図した願いもかなってしまいます。

つまり「お金がない！」「今月ピンチ！」と言っている人は、それが意図となり、現実となってしまうのです。

そして、無意識にお金がなくなるようなお金の使い方をしてしまうわけです。

つまり、「お金持ちになる」「お金を自由に手に入れる」と意図しても、無意識で別のことを意図していたら、もともとの意図を発動させづらくするばかりでなく、その実現を邪魔する結果になってしまいます。

意図は100％であるべきなのに、そうではなくなってしまうわけです。

意図することが、願いをかなえるすべての始まり

そして、ここがとっても大事なポイントなので、しつこくくりかえしますね。

私たちはどんな願いもかなえる力をもっています！

その願いは、種類や内容を問いません。「お金持ちになりたい」「お金を潤沢に稼げるようになりたい」「つねに繁栄のなかにいたい」……、もちろんOKです。

ではその願いとは、どのようにしたらかなうのでしょうか。

じつは願望実現の方法とは、とってもかんたん。次の3つのことを行うだけです。

1 意図する

2 エネルギーを動かす

3 葛藤と上手につきあう

1から順番に説明していきますね。

どんな願望実現も、まずは「意図する」ことから始まります。

意図するとは、「そうなる」と決めること。自分の夢が実現することを、確信をもって決めることです。

お金持ちになりたければ、「私はお金持ちになる」「私の願いはかなう」「この願いがかなった世界に行く！」などというように決めます。

といっても眉間にシワを寄せて強く念じたり、「何が何でもかなえてみせる！」といったような、執着心いっぱいの感じも逆効果。

大切なのは、あなたの「これをやりたい！」「こんなふうになりたい！」という気持ちに素直になって、そのままサクッと意図すること。

ノリとしては、**本当に軽く、でも100％決めること**が大事です。

意図は、あなた以外の誰もくつがえすことができません。だから、あなた自身が絶対にそうする、そうなると心から決めるのです。

次に2の「エネルギーを動かす」ですが、これは1の「意図する」ことで自動的に始まります。

意図することで、エネルギーの点が生まれます。たとえばあなたが「年収1000万円の仕事をする」と意図したとしましょう。すると、「年収1000万円の仕事をする」というエネルギーの点が生まれます。

エネルギーはつねに動いているので、その点がずっと止まっていることはありません。すぐに小さな渦になります。そしてその渦はくるくる回りながら拡大していきます。

ところで、世の中にあるすべてのものはエネルギーによってできていて、私たちの肉体も同様なのですが、その肉体のまわりにはエネルギー層というものがあります。その人の現実というのは、このエネルギー層が反映されたもの。

前に述べたように、このエネルギー層を「願いのエネルギー」でいっぱいにすれば、それが現実に反映されて願いがかないます。

さて、意図して生まれたエネルギーは、くるくる回りながら拡大していきますが、やがてエネルギー層の中を流れていくようになります。

そしてある程度大きくなると、エネルギー層全体に流れるようになります。

エネルギー層全体が「願いのエネルギー」で満たされたら、あとは現実に反映されるのを待つだけ。願望が現実になるのはそう遠くありません。


ところが、お金に関する願いの場合、このエネルギーを流すのがうまくいかない場合があるのです。

普通、意図によって生まれたエネルギーはくるくる回りながら拡大していきます。エネルギーは軽いほうが巡りがよくなるので拡大しやすい。ところがお金のエネルギーはとても重いため、拡大しにくいのです。

普通は、エネルギーの流れがよくなり拡大し、自分のまわりがエネルギーでいっぱいになれば、自然ととるべき方法や行動は見えてくるし、気づいたときには自然とそれをやっていて、願望は実現し、目標は達成します。

しかし、お金に関する願いの場合、お金のエネルギーがとても重いので、うまく流れていかないことがあるのです。

ではどうしたらよいのでしょうか。

じつはお金に関する願望をかなえる鍵のひとつは、この「**お金のエネルギーは低く、とっても重いのだ**」ということをしっかり知っておくことなのです。

このことについては、第5章でくわしく述べますので、ちょっとお待ちくださいね。

意図してもかなわないときは、葛藤を見てあげる

「これまで自分は何度も意図してきた。自分はこうする！　自分はこうなる！　と心に決めてきた。でもその願いはかなわないことのほうが多かった」

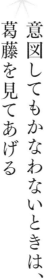

こんなふうに感じている人もいるかもしれません。意図しても願いがかなわない――。それはあなたのなかの葛藤が邪魔している可能性があります。

そこで、3の「葛藤と上手につきあう」です。

たとえば、「5年後までに1000万円貯金すると決めたけれど、とても無理なんじゃないか」「年収1000万円の仕事をすると決めたけれど、本当にそんな仕事を自分でできるのだろうか」などというように、願いを描いたあとに、不安や心配、実現への疑いなどが出てくるときがあります。

これが葛藤というものです。

きっと無理。できっこない。

本当にかなってしまったら、それはそれで不安。

本当にかなってしまったら、私はそれをきちんとできるだろうか？

このような思いがあると、それが「意図」となって、「願いがかなわない」という現実になってしまうのです。

だからどんなにしっかり意図しても、葛藤があると、無意識のうちにもともとの願望を打ち消すような意図をしてしまい、けっきょく願いがかなわないという状況になるのです。

葛藤と上手につきあうには、**その葛藤の存在を認めてあげること。**

不安や怖《おそ》れ、疑いなどの葛藤が自分のなかに出てきたら、それを認めてあげるのです。

けっして「何とかこの葛藤を消そう！」などとがんばらないでくださいね。

エネルギーには、フォーカスしたものが大きくなるという法則があります。

「何とかこの不安を消そう」「この怖れを退治しよう」などと考えると、それがフォーカスされていっそう不安や怖れが大きくなってしまうのです。

葛藤の存在を認めてあげるときのコツは、葛藤を抱えている自分をちょっと客観的に見てあげること。

そして、そんな自分の味方になってあげてください。「いま、そういう不安をもっているんだね」「怖いんだね」などというように。

逆に、「どうしていつもそういう考え方をしてしまうの！」「またネガティブになっている！」「なんでそういう考え方しかできないのだろう」などと、ジャッジしたり反省したりすると、かえってその葛藤は大きくなってしまいます。

だから葛藤が出てきたら、まずはその存在をしっかり認めて、あとは気にしないことが大事。

葛藤は何度も出てくるかもしれませんが、そのたびに、「認める」→「気にしない」をくりかえしてください。

不安を抱えていると、不安のほうに進んでいく

「車というのは、運転手が視線を集中させた方向に自然と向かっていくものなんです」

自動車の教習所で教官にこう言われたときには、「へぇー」と思ったものでした。

実際にやってみましょうと言われ、そのとおりになったときにはびっくり。

左方向に意識を向けると、自分ではハンドルを左に切ったつもりはないのに、車体は左方向に進んでいきました。

じつは、お金の使い方にも同じようなことが起こります。

ある方向に意識が向いていると、本人にそのつもりはなくても、その方向にお金を使う傾向があるのです。

たとえばあなたは、お金がない不安を抱えていませんか。

「十分なお金がなくて不安」といつも思っている人は、じつは不安を増幅させるようなお金の使い方をしてしまいがちです。

不安をまぎらすためにそれほど乗り気でない飲み会に行ってみたり、そうかと思えば急にブランドもののバッグを買うなどしてしまう。一時的に不安を解消してくれるような快楽に使ってしまうのです。

そしてまた、「あー、お金がない」などと嘆く。

けっきょくお金はますます減って、不安が増すのです。

つねに「不安」を見ていたら不安は拡大していきます。だからますます不安になるような方向にお金を使ってしまうわけですね。

こんなふうに「お金がなくて不安」と思っている人は、意識して安心できるような方向にお金を使うようにするといいでしょう。

それはたとえば衣食住に関するもの。

もちろん、ふだんから衣食住にお金を使っていると思いますが、ここはあえて、意識して使うようにするのです。

たとえばコンビニでお弁当を買うときにも、「これで自分の体に栄養を蓄えてあげることができるし、残りの仕事もがんばれる。安心だー」などとあえて思うようにする。

あるいは携帯電話の料金が銀行口座から引き落とされたら、「ちゃんとケータイ代を払ったな。これで友だちとつながっていられるし安心だな」などとあえて思うようにするのです。

または「安心」を拡大させるために、**自分の不安な気持ちをきちんと**

見てあげることも大事です。「いま、私は不安だな」と。

心というのは不思議なもので、直視してあげないと自己主張が強くなるんです。「この不安という気持ちをきちんと見てくれないんだったら、もっともっと不安にさせるからね！」と言わんばかりに、アピールしてくる。

だから無視せずに、ちゃんと受け止めてあげる。

それは不安な気持ちを無理に消そうとすることとは違います（それも無視のひとつになってしまいます）。

「あー、いま、私は不安に思っているよね」と思うだけでいいのです。

そして「じゃあ、私はどうしたいのかな？」と考える。

「そうか安心をしたいんだ。じゃあ、安心できる方向に使おう」と思えれば、安心が拡大されていきます。

不安な方向にお金を使う無駄遣いもなくなるのです。

ここで不安な気持ちを直視せずにいると、「何となく不安」→「それを解消するためにお金を使う」ということをくりかえしてしまうのです。

不安もお金を生み出すエネルギーに変えられる

お金というのは、基本、人を不安にさせるものだ、と知っておくことも大切です。

もしあなたがいま、お金に関する不安を抱えているとしたら、それはどんな不安でしょうか？

給料の少なさ？　それとも貯蓄額の少なさでしょうか？

「お金が足りない」と思っている人は、お金がもっと手に入ればこの不安は解消されるだろうと考えがちです。

でもいざお金が入ると、今度は「このお金が減ったりなくなったりしたらどうしよう?」という不安が襲ってきます。

「ありあまるほどのお金が手に入れば落ち着けるのでは?」と思うかもしれませんが、どうやらそうでもなさそうです。

私はありあまるほどのお金を手にしたことはないのでわかりませんが、投資で何億円と稼いでいた私の友人は「つねに不安だ」と言っていました。

「一気に失ってしまうのでは?」「誰かに狙われるのでは?」などと考えてしまうのだそうです。

けっきょく、お金というのは、あってもなくても何らかの不安を人にもたらすわけですね。

そこで、「**お金というのは基本、人を不安にさせやすいのだ**」

と知っておく。

そうすればふと不安になったときに、その不安を上手に流せるようになります。いま、私、不安になったな。あ、でもそもそもお金ってそういうヤツだからしかたない、というように。

不安を上手に流せれば、不安に溺《おぼ》れずにすみます。むやみに不安が拡大していくことが避けられるのです。


人は不安を怖れがちですが、でも一方で、じつは人が不安を感じるというのはとても大切なこと。

病気になったらイヤだなと思うからこそ、規則正しい生活を心がけるようになるし、この入試に落ちたら私の人生どうなっちゃうのだろうと思うからこそ、合格を目指して努力できる。

不安があるからこそ、私たちは予防策や対応策をとれるわけですね。

これはお金に関しても同じで、貯金が底をついたらどうしよう、このままいったらお金が足りなくなりそうといった不安があるからこそ、「もっと稼ごう」「どうしたらもっとお金が増えるようになるだろう」などと考えられるようになります。お金を生み出すためのアイデアを考えやすくなるのです。

そう、あまりに過剰な不安感は人の動きを止めてしまいますが、適度な不安感は人を動かす力になるのです。

これは不足感も同じ。

「お金が足りない！」が口グセになっていると、それが現実になってしまいますが、適度な不足感がないと人はなかなか動き出しません。

「銀行口座にあと８５０円しか残っていないけれど、私にとってはこれで十分！」と思っている人に、稼ぐためのアイデアは湧かないし、稼ぐための行動は起こせません。

進んで水を求めるのは、喉が渇いていないとできないし、進んで何かを食べようとするには空腹でないとできないのと同様に、お金を自由に手に入れようと思ったら適度な不足感は大事なのです。

ですから不安感や不足感を感じたら、それに呑み込まれてしまうのではなく、「**うん、これも大事。これは行動のエネルギーになるのだから**」と上手に活用してください。

時間をかければかけるほどうまくいかない

お金について、間違った意図を放っていることのひとつに、「時間をかければかけるほど、よいものができる」という観念があります。

これまでの私たちは、時間というものにものすごく価値を置いていました。だから時間をかければかけるほどよいものができる、と信じていました。いまでもまだまだその感覚が残っている人たちはいますね。

ときどき映画などの宣伝文句に「構想○年！　制作○年！」というコピーを見かけますが、そこには「こんなに時間をかけたんですよ！　だからすごいんです」という、時間に価値を置いている制作側の思いが出ています。

でも映画のおもしろさが制作期間や予算に比例しないことは、すでに多くの人が気づいています。

実際に、予算３００万円、撮影期間がたったの８日間の映画が大ヒットを飛ばすということも起きていますよね。

ただ自分のことになると、やっぱり「時間はかけたほうがよい結果が出るのでは？」と思う人が多いのではないでしょうか。

キッパリいいますね。

いまの時代はとくに、何事も時間はかければかけるほど結果は悪くなります。

たとえば何かのビジネスを始めようとするとき、じっくり事業計画を立てて、内容を練りに練ってということをしていると、エネルギーがどんどん重くなってうまく回らなくなります。

いざスタートというときには、もうエネルギー切れしてしまうのです。

エネルギーは時間をかければかけるほど重くなります。

だからもう、とりあえずいまできることをすぐにやったほうがお金にはなりやすい。

「あ、これやろう」とパッとやるといいんです。

「こうしよう」という意図は、新しいもののほうがかないやすい。

なぜなら、意図から生まれるエネルギーも新しいほうが流れが速い。流れが速いと拡大しやすいのです。

くりかえしますが、重要なのはエネルギーなのです。どれだけ時間をかけたかは関係がないのです。

また、「何をやるか」にもこだわる必要はありません。

「何をやるべきですか？」と聞かれたら、**「何でもいいですよ！」**と答えるでしょう。

たとえば駄菓子が大好きでたまらない、という人がいたとしますね。

一般的には「駄菓子屋をやってもそれほど儲《もう》からない」と考える人が大半でしょう。でも、本人が駄菓子を好きで好きでしょうがなくて、無限のエネルギーを注いでいたら、何かが生まれる可能性があるんです。

たとえば「とっても素敵な駄菓子屋さんがあった！」と誰かがツイートしたことで、雑誌やテレビに取り上げられるようになったり、海外に名が広まる、などということが起きるかもしれません。

それが起きるかどうかはエネルギーの量と質の問題であって、何をやっているかは関係ないのです。

本人が無限のエネルギーを注げるものであれば、一般的に考えたら「それ⁉」と思われるようなことだってかまわない。

「こうすべき」「こうすべきでない」などとよけいな制限をかけてしまうと、かえってやりたいことが見えなくなってしまいます。

お金の入り口はひとつだけ、と思ってませんか？

これからは大好きなこと、心からワクワクすることがお金になる時代だと、よくいわれています。

これまでお伝えしてきたように、自分が本当に「おもしろい！」と思うもの、心の底から「やりたい！」と思うことをするのは、お金を手に入れる第一歩です。

でも、**たんに大好きなこと、ワクワクすることをやっているだけでは、大きなお金に結びつきにくいのです。**

大好きなこと、ワクワクすることをするのは重要ですが、その前提に「自分って宇宙最強の存在なんだ！」という強い肯定感がなければなりません。

では、宇宙最強とはどういうことなのか、あらためて確認しておきましょう。

よく、地球上のすべてのものはワンネス、あらゆる生命は元はひとつのものだったといいますね。

そう、私たちは元はといえば、創造主だったのです。でも分離されていまは地球にやってきています。肉体を与えられて人間として生きているので、私たち一人ひとりにも創造主と同じ力があることを忘れがちです。

でも本当は、私たちは自分が望むもの、必要なものは全部自分のなかから生み出すことができます。誰もが自分のなかにそういうパワーをもっています。

お金だって例外ではありません。「これだけのお金がいる！」と意図すれば、私たちはいつだってお金を生み出すことができるのです。

あなたのいまの主な収入源はどこでしょう？

給料、アルバイト料、売上、お小遣いなど、人によって主な収入源は違いますが、自分のお金の入り口は、この「主な収入源」だけと決めつけてしまっていないでしょうか。

しかもそのお金は、労働や時間など何かとの引き換えによって得られるもの、と思い込んでいないでしょうか。

でも実際のお金の入り口は、ひとつだけとはかぎりません。

いまは、副業についても寛大な会社が多くなってきましたし、あなたの元にお金が入るルートは、本当はいくつもあります。アイデア次第で無限にあるんです！

私たちは誰でも、「無限の豊かさ」「無限ですべてである」というエネルギーを活用することができます。お金は自分で無限に生み出せるものなのです。

会社勤めしている人の収入は、会社からのお給料が中心でしょう。そういう人は日常的に「自分がお金を生み出す」という感覚をつかみにくいかもしれません。

そんな場合は、ぜひ何かできることからやってみてください。

何かちょっとしたものを作ってネットで売ってみる、新しいサービスを考えて提供してみるなどするのです。

売上は数百円、数千円程度のものでもいいでしょう。とにかく自分がお金を生み出すという経験を積めば、それは自信になります。**自分は何でも生み出す力をもっている、**という自分への信頼感を得やすくなるでしょう。

子どもを産むと、女性はもっとパワフルになる

また、とくに女性の人が陥りがちなのが、「子どもができたから、やりたいことが自由にできない」という観念です。

いまの日本は少子高齢化が進み、その原因のひとつは日本社会の子どもの育てにくさだといわれています。

制度や税金の使い方などにもたくさん問題があるのでしょうが、それはさておき、

子どもがいると自分の時間がなくなって自由なことをできなくなる、と思っていませんか？

あるいは、やりたいことはあるけれど、いまはまだ子どもが小さいから無理、と思っている人も多いでしょう。

でもじつは、**子どもがいたほうが、エネルギーが増えて行動がラクになるのです。**

というのは、子どもは親のサポートのために生まれてきてくれた部分があるのです。

妊娠すると、お母さんのおなかには赤ちゃんという命が宿りますが、このとき、子どものエネルギーとお母さんのエネルギーはくっついています。

普通は、人のエネルギーというのはその人固有のものであって、ほかの人とくっつくことはありません。

しかし、お母さんと子どもだけは特別で、ふたりのエネルギーはくっついているのです。

子どものエネルギーが自分のものとして発動するのは、思春期になるあたりから。それまでは子どもとお母さんのエネルギーは一体化しているので、お母さんは子どもの分のエネルギーまで無条件に使えます。

ほんの少しの行動でエネルギーがバンと動くので、お母さんはラク。だからじつは、お母さんは子どもを産めば産むほど自由になるのです。

たしかに子どもを産むと、やることが増えて大変になる部分もあります。しかしその分エネルギーが増えるので、行動そのものはラクになるのです。

私もアカシックリーディングを本格的に仕事としてできるようになったのは、子どもが生まれてからでした。

アカシックリーディングを始めたのは上の子が0歳のときで、会社を立ち上げたのは上の子が2歳、下の子が0歳のときです。

子どもができたあとのほうが、お金を自分で稼げるようになったし、海外旅行にもたくさん行けるようになりました。子どものエネルギーを存分に使わせてもらっています。

だからぜひ、これから子どもをもちたいと願っている人も、小さな子どもがいる人もあきらめないでくださいね。

「子どもを産もうかどうか」「小さい子どもがいるけどどうしよう」などと悩んでいる人は、むしろいまがチャンスです。

子どもはあっという間に大きくなって、思春期になると、このころから自分のためにエネルギーを使い出します。

そうなると今度は反抗期がやってきて、親は悩むことになるかもしれません。

しかし反抗期というのは、子どもが自分の人生を自分でクリエイトし始めている証《あかし》でもあるんです。

そう考えると、「いままでエネルギーを使わせてくれてありがとうね」と思えるかもしれませんね（笑）。

第4章

本当の〝自分のエネルギー〟がお金を引き寄せる

正しい方向に流すと、お金は自分に戻ってくる

「お金というのは、流す方向が正しければ、また自分の元に戻ってくる」というのが私の考えです。

ではどの方向に流すのが正しいのかといえば、それもやはり、自分の心が自然に惹《ひ》かれるほう、**「あー、これもう大好き！」**と思う方向です。


かつて仕事も恋も家族関係も何もかもがうまくいかなかったとき、私がスピリチュアルの世界を知ったことは、すでにお話ししましたね。

じつはこのとき、私はスピリチュアルにかなりのお金をつぎ込みました。

次から次へと本を買って読みあさり、セミナーやセッションも受けまくりました。

それらの料金は、当時の私にはけっして安いものではありませんでした。

それでいっそう貧乏になっていたのですが、でも私はその生活がとっても楽しかったんです。

「私って何者？」という探究から始まり、「あー、私ってこういう存在なんだ」というのがどんどんわかってきて、おもしろくてしかたありませんでした。

そして当時、スピリチュアルのセッションを受けるたびに、「あなたは将来、こちら側の人になりますよ」とよく言われていました。

セッションを受ける側ではなく、セッションを行う側、スピリチュアル関連のことを教わる側ではなく、教える側につく人になるだろう、と。

でも私は、「いやいや、それはないです。ゼッタイないです！」と笑って答えていました。

ところがいま、私はこうしてアカシックリーダーとして仕事をし、お金を得ています。

かつて私がスピリチュアル関連に使ったお金が、また私のところに戻ってきているわけですね。

「自分が楽しいと思う対象」があったら、そこに制限をかけないのが基本です。心からおもしろいと思うものであれば、基本的に何に使ってもいいのです。

たとえば、芸能人の追っかけでも、物の収集でも、「大好きでたまらない。それをやっていると時間を忘れる！」という人なら、そこにお金を使えばいいのです。

ただし、そこに少しでも違和感や罪悪感が混ざっていたら話は別。

そのエネルギーは、本当の自分から湧き出たものとは違うもの。この見極めは大事なので気をつけてくださいね。

純粋な「大好き！」で放ったお金は、よい循環を生み、また自分の元に戻ってきます。 場合によっては何倍にもなって戻ってくるんです。

ただし、お金をかけたものと同じものでお金が戻ってくるとはかぎりません。

私の場合、たまたまスピリチュアル関連にお金を使い、それが仕事となってスピリチュアル関連でお金が入ってきていますが、出した形とは別の形で入ってくるケースもあります。

たとえば、「とにかく楽しい！」と思いながら英語の勉強をしたことによって、英語圏の友人が何人もでき、そのうちのひとりがビジネスチャンスをくれるという場合もあるでしょう。

といっても、気持ちを向けるべきなのはリターン後ではなく、お金を放つとき。

純粋に心から求めているかどうかは、確かめてくださいね。

無理をしていないか ときどきチェックしてみる

自分が楽しんでできること、大好きなことが見つかったら、あとはそれに没頭するだけなのですが、それが本当に自分の純粋なエネルギーから来ているものなのかどうか、ときどき検証が必要です。

どこか我慢している部分はないか、どこか無理している部分はないか検証してみるのです。

私がアカシックレコードに出会って人生が一変したという話は、すでに書きました。アカシックリーディングは私にとって新鮮で衝撃的で、その価値は本当にすばらしいと実感していました。

だから最初は「もうアカシックリーディングさえ続けていれば間違いなし！」と思っていました。

実際に、ちゃんと仕事になり、年収もアカシックリーディングを始める前に比べたら10倍以上になりました。


ところがあるとき、ちょっとつまずくような出来事があったのです。

それはセミナーの開催を企画したとき。参加を申し込んでくれた人の数が、想定していた人数よりかなり少なかったことがありました。

それまでにも同じ規模のセミナーは何度か開催し、大勢の方が参加してくださったので、このときも同じくらいの人数の方が申し込んでくれると期待していたのですが、そうはならなかったのです。


どうしてだろうと考えて気づきました。

あ、そうか、私にとって大勢の人を集めなければならない企画を立てることはストレスだったんだと。

また、もともと人と直接顔を合わせて話をするのは苦手で、克服した部分もあるのですが、その要素はちゃんと残っていることにも気づいたのです。

自分の心に正直になってみれば、私は本当はできるだけ知らない人とは会いたくないし、大勢の人が集まるような企画も立てたくなかったのです。

でもアカシックリーディングへの私なりの「ワクワク感」はそのままでゆるぎない。ずっとずっと続けていきたいこと。

だったらイヤなことをしなくてもすむ別の方法を試してみよう、と思いました。

人と直接会わなくてもよく、でも私の話はちゃんと聞いてもらえる方法。しかも会場の手配や会場への移動などの煩わしい行動をせずにすむ方法。

それが可能なのはオンラインコンテンツでした。オンライン上でアカシックリーディングの方法をお伝えする商品をつくり、それを売ろうと考えました。

私はもともと機械類が大好きで、とくにパソコンは「大親友」ともいえる仲。だから動画を撮影し、それをパソコン上で編集している時間は楽しくてしかたがありませんでした。

「これこれ、私がやりたかったのはこれ!」という感じで、まさにワクワクしながらの作業。こうしてつくった商品は、予想以上の売上になりました。


この私の例のように、どんなに「大好きなこと」でも、無理したり、がんばりすぎてやっていることというのは、エネルギーの流す方向が違っているので、うまく成果が出ず、けっきょく「ガス欠」を起こしてしまうのです。

だから、違和感があったり、何かうまくいかない、どこか滞っているなどと感じるときには、いったん立ち止まって「無理していないか」「がんばりすぎていないか」と検証することが大事です。

でも、いまの世の中は、我慢するのが当たり前、多少無理してでもがんばってやるべきという価値観が蔓延しているので、自分が我慢したり、がんばりすぎていることに気づけない場合も多い。

好きなことをやっているとなおさら、「好きなことができているのだから、これくらいの苦労は当たり前」などと思ってしまい、自分の心や体の悲鳴を無視してしまうことも多いのです。

だからこそあえて確認が必要。「自分はワクワクすることをやっている！」と自信をもっている人ほど確認が大事です。

エネルギーがたっぷりないと行動はできない

「とにかく行動が大事！」「まずは行動しなさい」

最近とくに、多くの人がこのように行動の重要性を説いています。

たしかに行動は大事で、それはお金に関しても同じです。この三次元の世界でお金をたくさん得たいと思ったら、何かしらの行動をとらなければなりません。

それは何かを売ることだったり、自分を表現することだったり……。

でも実際に行動を起こすのは、案外大変ですよね。とくにお金に関する行動が「重い」ことはすでにお話ししました。

じつは、行動するというのは「**外にエネルギーを投げること**」なんです。

つまり、その元となるエネルギーがたっぷりなければ行動はより起こしにくくなります。それはガス欠した車と同じようなもの。

だから、行動をスイスイと起こしやすくするためにも、エネルギーの純度を高めておくことは大切なのです。

夢を実現させたい、目標を達成したいと思うとき、多くの人は「ではそのためにどんな方法があるか？」「そのために何をやるべきか？」「いまからできることはないか？」などと、最初に方法を探ったり、行動をしようとしますよね。それは最初の一歩としては大事ですが、もし行動に移せていないとしたら、まずは自分の「エネルギー」をチェックしてみてください。

自分のエネルギーの純度が低いと、エネルギーが重すぎて、なかなか行動に移せなかったりします。

だから、**何よりもまず大切なのは、エネルギーの純度を高めること。**

エネルギーの純度が高まれば、自然ととるべき方法や行動は見えてくるものですし、気づいたときには自然とそれをやっていて、願望は実現し、目標は達成している、となるのです。

さて、ここまでエネルギーの純度を高めることが、いかに大事かをみてきました。エネルギーの純度を高めると「自分が本当にやりたかったこと」「自分が大好きなこと」「自分がワクワクすること」に気づきやすくなるし、エネルギーの総量が増えて願いもかないやすくなり、同時に受け取るお金の量も増える可能性があります。さらに行動もラクになる。

エネルギーの純度を高めると、一石二鳥どころでなく、三鳥、四鳥くらい得るものが多くなるのです！

こうして考えると、いかにエネルギーが大切かがわかるでしょう。

では、自分の純粋なエネルギーを守るにはどうしたらよいか、いくつかの方法を挙げてみたいと思います。

自分のエネルギーを高めるための方法

【とにかく、自分が好きなことをする】

エネルギーの流れをよくするもっとも手っ取り早い方法は、**とにかく自分の好きなことをすること**。じつはこれがいちばんエネルギーの流れをよくします。

友だちに会ってバカ話をするのが大好きな人はそれをすればいいし、カラオケで熱唱するのが大好きな人は歌えばいいし、走るのが好きな人はとにかく走ってみるといいでしょう。

私がもっとも好きなのは自分の家で過ごすことなので、「あー、エネルギーの流れが滞っているな」と感じるときには、とにかく一目散に家に帰ります（笑）。

そしてゴロゴロしたり、漫画を読んだり、映画を観ます。

落ち込んでいるとき、人はついついいろいろなことを考えてしまいますよね。でもそういうときいくら考えても、けっきょくよい結果にならない場合が多い。

だからあえて考えないように、別のエネルギーを流し込んで自分をフラットに保てるようにします。

また、もともとエネルギーの純度が高い自然の中に行くのもおすすめです。森や林、海など自然が豊かな場所はエネルギーがとてもきれいなので、行くだけで元気が出てくるはずです。

人は「場所のエネルギー」も受けるので、いる場所を変えるというのも有効です。

【小さな我慢を少しずつやめていく】

あなたは日頃、他人に合わせて何かを我慢している、ということはありませんか？

本当はこうしたいのに、ほかの人とは違うからやめておこう、本当はやりたくないけれど、みんながやっているからとりあえずやっておこうなどというように、自分を抑えて我慢してしまう……。

このような小さな我慢をやめることは、エネルギーの流れをよくする方法のひとつです。

たとえばあなたが友だち数人とカフェに行ったとしましょう。このときあなたはとてもおなかがすいていて「スパゲティが食べたい」と思ったとします。でもほかの友だちは全員、ドリンクのみを注文。

さて、こんなときあなたは何の抵抗もなく「私はスパゲティを食べるね」と言えるでしょうか。

もし言えないとしたら、それもひとつの小さな我慢。

あるいはカフェで仕事の打ち合わせをするとき。

あなたはメニューにあるマンゴージュースをとても飲みたいと思ったとしましょう。

でもほかの人は全員、ホットコーヒーを注文。

こんなとき、あなたは素直に「私はマンゴージュースをお願いします」と言えるでしょうか。


もし言えないとしたら、これも小さな我慢です。

また、本当は気が乗らない飲み会に行ったり、心から歌いたいわけではないのに友だちにつきあってカラオケに行って歌ったり、などということもあるでしょう。

こんなふうに、日々、私たちは案外人に合わせて小さな我慢をしているものです。

「これぐらいの我慢はどうってことない」と思うかもしれませんが、これが案外侮れないのです。


自分の体を巡るエネルギーは、本来の「自分のエネルギー」に近ければ近いほど流れがよくなります。純度が高いほうが軽くて流れやすいのです。

でも我慢をして自分を抑えていると、他人の思いが入り込み、純度はどんどん低くなっていきます。

「これぐらい」と思っている小さな我慢も、日々積み重ねていけば、澱《おり》のように積もっていってしまいます。だから**小さな我慢も放置しないで、できるだけやめていくことが大切！**

違和感のあること、イヤだなと思いながらやっていること、ストレスを感じていることなどは我慢せずにやめていきましょう。

といっても、実際にはひとりだけ「スパゲティが食べたい」「マンゴージュースをお願いします」とはなかなか言い出せない場面もあるでしょう。

そんな場合は、自分のなかで自分の気持ちをしっかり確認してあげます。私は本当はとてもおなかがすいていてスパゲティが食べたいんだよね、私はいま、コーヒーよりマンゴージュースを飲みたい気持ちのほうが10倍は強いんだよね、などというように、自分のなかでは気持ちをごまかさずに、本当の思いを意識してあげるのです。

そして、次に同じような状況になったら、「次は言ってみよう」と小さな決意ができるとなおよいでしょう。

たとえ本心を言えなかったとしても、あたかも「我慢なんかしていません」とばかりにやり過ごすより、意識したほうが自分のエネルギーにとっては何倍もよいのです。

また、小さな我慢を続けていると、だんだんそれが当たり前になってしまい、自分が我慢していることに気づけなくなってしまいます。自分の本当の思い、自分の本当の感覚にどんどん鈍くなってしまいます。これは徐々に自分を失っていくことでもあり、これもエネルギーの停滞を招きます。

ですから、小さな我慢を少しずつやめていってみましょう。

やめてみるととってもラクになる場合もあり、「これもやめよう」「あれもやめよう」と次から次へとやめたくなって困るかもしれませんが、それは本来の自分へ戻っていく過程なのでじつはとてもよいことなのです。

だけど、覚えておいてください。我慢をしないということは、けっして自分勝手に生きていいということではありませんよ！

食事も睡眠も エネルギーを高めるのに役立つ

【ランチのメニューを全力で決める】


私たちの日々の行動は、ついルーティンになりがちです。

朝起きて出社して、仕事をしてランチを食べて、午後にまた仕事、終業時刻になったら退社して……。気づけば1週間のほとんどを同じように過ごしている、ということがないでしょうか。

流されるままに、どこか惰性で動き続けていると、それもまたエネルギーの停滞を招きます。

そこで、24時間、365日をできるだけ能動的に過ごすように心がけてみましょう。

たとえばランチを選ぶとき、私は本気で「何を食べようか」と考えます。「私がいま食べたいのは和食？　洋食？　それとも中華？」と自分の気持ちに問います。さらに洋食なら「イタリアン？　フレンチ？　それとも別のもの？」などと絞っていきます。

自分が食べたいものは何かを考えることに、これでもかというほど情熱を注ぐのです。

そして「よし、今日はカルボナーラスパゲティを食べたいから、カルボナーラのおいしそうな店を探して食べよう」と決めたとしますね。

このように、誰かにやらされたり、合わせたりしたものとは違う、自分がこうしたいと思い、自分でこうしようと決めた行動ができたときには、それだけでエネルギーが回るのです。

だから私はカフェに入って飲み物を決めるときにも、ケーキ屋さんでケーキを選ぶときにも、家で観る映画を決めるときにも、漫画を手に取るときにも「**いま、自分にとってどれがいちばんいいか**」を真剣に考えます。

いちいち疲れそう、などと思わないでくださいね。

自分で考えて「こうする」と決め、それが実際にそのとおりになるというのは、じつは願望実現の基本形だからです。

私の個人セッションには「何とかして願望を実現したい」という人が来てくれますが、彼ら・彼女らの話を聞いていると「願いがかなう世界はここと別にある」という感覚の人がとても多いことに気づきます。

私のアドバイスを受ければ、いま目の前にある現実とは別の「願いがかなう世界」に行って、あるときパッと願いがかなうんだと思っている人が多いのです。

でもそれは誤解で、**願いがかなう世界は「いま、ここ」、日常のなかにあるんです。**

「ランチはカルボナーラスパゲティにしよう」と自分で決めて、それが現実になる。

「今日は家に帰ってゆっくり映画を観よう」と決めてそのとおりになる。

すべての願望実現は、このような日常の願望実現の延長にあります。

逆にいえば、日頃から、自分の大好きなものや自分が心地よいものを自ら選んで、それを手に入れていくということをしていない人が、急に願望実現を望んでもそれは達成できないのです。

だから日々の一つひとつの行動に対して、自分がどうしたいかを熟考して、それを実行していくことはエネルギーの巡りをよくするためにも、そしてそれを大きな夢の実現に活《い》かすためにもとても大事なことなのです。

【とにかく寝る！】

自分のエネルギーの純度を高めるためにできる、もっともシンプルでかんたんな方法――それは、「とにかく寝る！」ことです。

私はとにかく寝るのが大好き！

平日は子どもたちを保育園に連れていく時間があるので午前7時半ごろまでには起きていますが、できることなら9時ごろまでぐっすり寝ていたい（笑）。

私の場合、寝ているときに自分のアカシックレコードにつながりやすいのです。

自分のアカシックレコードのエネルギーというのは、その人にとって純度の高いピュアなエネルギーです。なのでアカシックレコードにつながると、エネルギーがクリアになっていくんですね。

これは何も私だけの特別なことではなくて、誰でも寝ている間は宇宙とつながりやすくなります。

気づいていないだけで、あなたも自然と自分のアカシックレコードにつながっている場合があります。

たとえば、いろいろと問題を抱えていて「あー、もうイヤだな」と思いながらその日は寝たとしますね。

でもきちんと寝て、翌朝起きてみると、何だか気持ちがラクになっていることってありませんか？

抱えている問題の解決方法まではわからないけれど、「あ、なんか大丈夫」と思えるときが。

それはなぜかというと、**寝ている間は「葛藤」が働かないので、無意識のうちに、いいアイデアが入ってくる**からです。

また、寝ている間にアカシックレコードにつながっていることも多いのです。

アカシックレコードにつながれば問題が問題でなくなる場合も多いし、さらにエネルギーの純度も高まります。

だから私は寝ることが大好きだし、寝ることを大切にしています。

ちなみに一般的に「朝は早く起きたほうがいい」といわれることが多いですが、エネルギーの純度を高めるという意味では、朝早く起きようが、昼過ぎまで寝ていようがどちらでもかまいません（笑）。

エネルギーの流れの良し悪しは、体調にも関係します。体調がよいほうがエネルギーの巡りはよくなるのです。その意味でもとにかく寝るのはおすすめです。

自分自身に注目することでエネルギーは増える

【自分に注目する】

エネルギーは「見てあげると流れる」という特徴があります。

流れるということは、純度が高まるということ。

なので、**自分を見ると、自分のエネルギーが流れるようになります。**

鏡で自分の顔や体を見るのもいいし、自分の内面を見つめるのもいいでしょう。とにかく自分に注目します。

目的や方向性は何でもいいのです。

もっと美しくなるために、お化粧方法を変えたり、ネイルをしたりするのももちろんいい。

「自分はいま何をいちばんやりたいかな」「自分がいちばん心地よい状態ってどんな感じかな」「自分が好きなものは何かな」などと考えるのでもいいのです。

あるいは1日の終わりに、自分をねぎらってあげるのもいいですね。きちんと自分に注目して「あー、今日もがんばったね」とベッドの中で言ってあげたり、お風呂に入りながら「お疲れさまー」と自分の肩をポンポンとしてあげたり……。

そのように、自分を大事にすることを続けていると、自分に対する情熱が湧いてきます。

自分を見て、自分のことを感じて「もう自分大好き！　ひゃっほー！」となれたら、そこからは何だってできます。

そこまでいったら、自分の純粋なエネルギーでいっぱいになっているはずだから。

【「自分のしあわせポイント」を心にとめておく】

エネルギーの純度が高い状態というのは、自分がラクにいられる、違和感なく自分らしくいられる状態ともいえます。

でもいまの時代は、それを邪魔する情報が氾濫《はんらん》しています。まさに情報のカオス状態です。

ネットやテレビ、新聞、広告、他人からの言葉など、私たちは知らずしらずのうちに多くの情報にさらされ、「○○するべき」「○○したほうがいい」といった圧力を受けています。

とくにSNSは強力。名前も顔もまったく知らない他人というわけではなく、広い意味での友だちや仲間が「○○をして最高だった」「○○がよかった」「○○すべき」などと書き込んでいるのを読むと、いっそう惑わされやすくなります。

でももしあなたが、「情報に振りまわされている！」と自覚しているようなら、まだ大丈夫。

多くの人は、無意識のうちに情報に振りまわされていて、知らずしらずのうちに自分らしくない自分を拡大させているのです。

そうならないためには、「自分のしあわせポイント」を把握しておくことが大事。

それは「自分がいちばん心地よい状態」を知っておくこと。あっ、これがいちばんラクで私らしくいられる状態だということをわかっておくことです。

私の場合は、「とにかくラクで、楽しく、まわりの人にかわいがられている」という状態がとってもしあわせです。

なので、**楽しくなかったりすること、また私の話を聞かない人、私のことをかわいがってくれない人には1ミリも自分のエネルギーやお金は使わない！** と決めています。

ここがしっかり定まっていると、よけいな情報が流れてきても軽く受け流すことができるんですね。

では、そんな「自分のしあわせポイント」をはっきりさせるためにはどうしたらいいかといえば、**情報断食**です。

ネットやテレビなどの情報をいっさい見ないようにするのです。

いちばん肝心なのは、よけいな人に会わないこと。

人は人の影響をものすごく受けます。

とくに物理的に距離が近い人は、その人のエネルギーと自分のエネルギーが重なるので、よけいなもの（相手の考え方など自分らしくないもの）がどんどん入り込んできてしまいます。言葉を交わす相手ならなおのこと。

「友だちは多いほうがいい」「できるだけ多くの人から好かれているほうがいい」といった価値観を無意識にもたされてしまう現代では、自ら人間関係を切っていくのは勇気が必要かもしれません。

でも本当につながるべき人とは、最終的には必ずどこかでつながるので大丈夫。

「自分のしあわせポイント」がはっきりしていない段階では、とにかくバッサバッサ人間関係を切っていくくらいでちょうどよいのです。

【自分の行動を一つひとつ感じてみる】

さて、ここまでエネルギーの純度を高める方法をいくつかご紹介してきましたが、「そもそもその方法を試す余力がない」という場合もあると思います。お金もないし、時間もないし、元気もないし、夢や希望もない……、というような。

そんなときは、生活は本当にいつもどおりにしつつ、**いつもの行動をするときに、ちょっとだけ自分に気持ちを向けてみてください。**

それはたとえば次のようなことです。

夕飯で炊きたてのご飯を食べるとき、「このご飯、ホカホカでとてもおいしいな」と思いながら味わってみる。

食後に一杯のお茶を飲むとき、湯呑みから手に伝わるあたたかさを感じながら「このお茶、とってもおいしいな」と思っていただく。

お風呂の湯船に浸かるとき、「ああ、気持ちいいな、しあわせだな」と思う。

夜寝る前に、毛布のやわらかさを体に感じながら、「今日もがんばったよね。お疲れさま」と自分に声をかける。


このように、毎日当たり前にやっている自分の小さな行動に、一つひとつ気を向けて、小さな行動をきちんと感じるのです。

自分に注目してあげるだけで、自分のエネルギーは変わります。


少し余力があったら、意識して呼吸をするのもおすすめです。

呼吸は肉体に酸素を送るためのものであると同時に、体内のエネルギーをクリアにするためのものでもあります。肉体とエネルギーの両方に同時に作用します。

だから普通に「スーッ」と吸って、「フー」と吐くだけでもエネルギーは軽くなって流れます。

エネルギーが滞っているときは呼吸が浅くなっている場合が多いので、意識して深く吸って吐くをくりかえすと、いっそう気持ちがよくなるでしょう。

また、お風呂に入るときに湯船にお塩を入れて浸かるのも効果的です。お塩には浄化の作用があるので、お塩の入った湯船に入るとよけいな不純物が流れていきます。


何だかやる気が起きない、元気が出ないというときには、このようなかんたんな方法から試してみてください。

その人の現実に起きることは、その人のもつエネルギーと同じものを呼び寄せるので、このような小さなことをやって少しずつエネルギーを大きくしていくとよいのです。


これはお金に関することでも同様です。

お金はたくさんほしいけれど、かといって何をやったらいいのか、どういうふうに考えていけばいいのかわからない、というような八方塞がりの状態になるときもあると思います。

そんなときも、まずは普通の生活をしながら、自分に気を向けていく。自分に心を配る。自分を好きになってあげます。

そうしてエネルギーが少しずつ大きくなっていけば、やるべきこと、考えるべきことが自然と見えてくるはずです。

第5章

お金を〝現実化〟させるために大切なこと

「お金、大好き！」と声に出して宣言する

いきなりですが、あなたにとってお金とはどんな存在ですか？

私にとってのお金は、大好きなグッズのうちのひとつ、といえます。

ディズニーランド、マカロン、マーブルチョコ、宝石の入ったネックレスやピアス、色とりどりのマニキュア……。私はこのようなカラフルでポップでかわいいモノが大好きなのですが、お金はこれらと同じようなモノ。

大好きなモノのひとつであって、特別なモノではありません。

ディズニーランドが好きだからディズニーランドに行く、ケーキが大好きだからケーキを食べるのと同じように、お金が大好きだから手に入れようとする、という感覚

です。

こう言うと、ちょっと驚く人が多いですが、それはきっと多くの人が、子どものころから「お金を大事にしなさい」と言われて育ってきたからでしょう。無意識のうちにお金を敬ってしまっているわけですね。

でもそれだと、お金のエネルギーと一致することはなかなかできません。どんなにお金を手に入れようとしても、遠くに追いやってしまっているのですから、うまくチューニングできていないのです。

そこで、お金のエネルギーと自分のエネルギーを合わせるとってもかんたんな方法を紹介しますね。

それは**「お金さん、愛してるよ！」「お金さん、大好きだよ♡」というアファメーションを毎日、口に出して言うこと。**

こう言うだけでお金との関係がグッと近くなります。「愛している」「好き」と言うだけでお金が近くなる。お金と友だちのような感覚になるのです。

アファメーションを唱えていると、お金とつきあいやすくなるだけでなく、実際にお金が寄ってくるということも起きます。

私は1年くらい前からこのアファメーションを毎日唱えているのですが、これを始めて数か月経ったころ、ノートパソコンが壊れてしまったことがありました。

メーカーに問い合わせると、「修理費に15万円くらいかかります」という返事。もともと高価なものだったので、「修理費15万円は高いけれど、しかたないかな」と思いながら修理に出しました。

ところが修理を終えて手元に戻ってくると「無料で修理できたのでお代は結構です」と言われたのです。

たとえばこんなことが起きるんですね。

私の受講生のなかにもこのアファメーションを実践している人はたくさんいるのですが、「効果を実感している！」という声が、私の元にたくさん届きます。

ちなみに、**アファメーションは声に出して言うのがポイントです。**

「お金を愛しています！」と声に出すということは、「お金を愛している」というエネルギーが口から出ること。そのエネルギーは私たちの体のまわりにあるエネルギー層に入り込みます。

するとエネルギーは流れて拡大していく。お金が近づくという現実が起こりやすくなるのです。

ですから、アファメーションはぜひ声に出して言ってみてくださいね。

波動の高いエネルギーだけではお金はやってこない

でも、純粋に大好きなことをやって生きていこう！　と思っている人ほど、「お金が大好き」と口に出すことに抵抗があるのではないでしょうか。

どこかで、お金を求めるのは恥ずかしい、お金にとらわれずに自由に生きたい、好きなことだけをやっていきたい、という気持ちがあるのでしょう。

「ワクワクすること」「大好きなこと」というのは、多くの場合、エネルギーが高くて軽いんです。こまやかで繊細なエネルギーをもっています。

スピリチュアルを学ぶというのは、つねに宇宙に思いを馳《は》せている状態です。「宇宙大好き！」という人ですね。

宇宙に意識が向いているというのは、その人のなかでは高いエネルギーが活性化しているということ。

それに対して、すでにお話ししたように、お金は物質のエネルギー。現実にどっしり根ざした低くて重いエネルギーなんです。いわゆる波動が低いわけです。

だから、スピリチュアルの世界で**「波動が高い」ことを人生に求める人ほど、お金のことを考えたり、語ったりするのを拒みがちなのです。**

「わー！　宇宙って楽しい〜！」と夢中になっている自分とお金の質があまりに違うため、うまくお金を取り扱えないのです。

また、高いエネルギーが活性化している人は、低いエネルギーに興味がなくなってしまう場合も多いのです。

だから「お金がたくさんあるといいな」「もっと稼ぎたいな」と口では言っていて

も、じつは本当はそんなにお金をほしいとは思っていないという人もいます。

するとどんなに「こうしたらお金が稼げるよ」といったよい情報があったとしても、その人のなかに入っていかない。だから、「お金がない」「お金がたまらない」という状態になってしまうのです。

そういう人が「お金がたくさんほしい」と意図しても、エネルギーの質が違いすぎて、お金に関するエネルギーがうまく回っていかないのです。


私はアカシックリーディングをやっているので、スピリチュアル関連の仕事をしている人、スピリチュアルに興味がある人に多くお会いするのですが、そのなかには「お金のことが苦手」という人が少なくありません。

お金を稼げない、貯金がない、お金に困っている、という人が案外多いのです。

ちなみに「そんな自分を恥ずかしい」と思う人も多いですが、そんなふうに思う必要はまったくありません。

前にもお伝えしましたが、現代の社会は過剰にお金に価値を置いています。だからもっているお金の量を自分の評価に直結しがち。

でも、お金と自分の価値を結びつける必要などまったくないのだ、ということをあらためて強調しておきたいと思います!

チャクラを知ると、体のエネルギーがわかる

では、そんな人がお金を稼げるようになるには、どうしたらよいのでしょうか。

結論からいうと、**エネルギーを下げればいいんです。**

これまでお伝えしてきたように、お金のエネルギーとはふわふわした〝高い〟エネルギーではなく、現実に根ざした低く重たいエネルギー。だから、あえてエネルギーを「下げる」のです。

自分のエネルギーを下げるというと、あたかも自分のエネルギー全体が下がってしまうというイメージが湧くかもしれませんが、実際はそんなことはありません。全体のエネルギーのうちの一部である「低いエネルギー」を増やす、というイメージです。

前にもお話ししましたが、すべての物質はエネルギーでできています。

そしてその物質は、それぞれ異なる振動数でそのエネルギーを放っています。その振動数がこまかいとエネルギーが高い（波動が高い）、その振動数が粗いとエネルギーが低い（波動が低い）といわれています。

つまり、「エネルギーを下げる」というのは、自分の波動を低くするということ。

こういうと、とくにスピリチュアル好きな人は「え？　波動を下げるなんてとんでもない！」と思うかもしれません。スピリチュアル好きな人は「波動が高いとよくて、低いと悪い」というイメージをもっている人が多いからです。

でも本当は、波動の高さに良し悪しはないんです。ただ高いか低いかの違いがあるだけです。

ではどうやったら、エネルギーを下げることができるのでしょうか？

ここで関係してくるのが**チャクラ**です。

チャクラとは、サンスクリット語で「車輪」「円」「渦」などを意味する語で、私たちの体内にあるエネルギーの出入り口のこと。

一般的には、人の体には次の7つのチャクラがあるとされています。（　）はチャクラがある場所です。

第1チャクラ（尾骶骨《びていこつ》）

第2チャクラ（仙骨）

第3チャクラ（胃）

第4チャクラ（心臓）

第5チャクラ（喉元）
第6チャクラ（額の中央）
第7チャクラ（頭頂部）

チャクラは宇宙エネルギーをキャッチする場所で、チャクラによってキャッチするエネルギーの種類が異なります。

すべてのチャクラはつねに回っていて、宇宙エネルギーを受け取っています。しかしキャッチするエネルギーの量は、チャクラによって違うのです。

大ざっぱにいうと、第1から第3チャクラは、不安や怖《おそ》れ、悲しみといったネガティブなエネルギーを、第4から第7チャクラは愛や喜びといったポジティブなエネルギーをキャッチします。

たとえば、「今日は何だかイライラする！」とか、「今日はやたらに気が滅入る」な

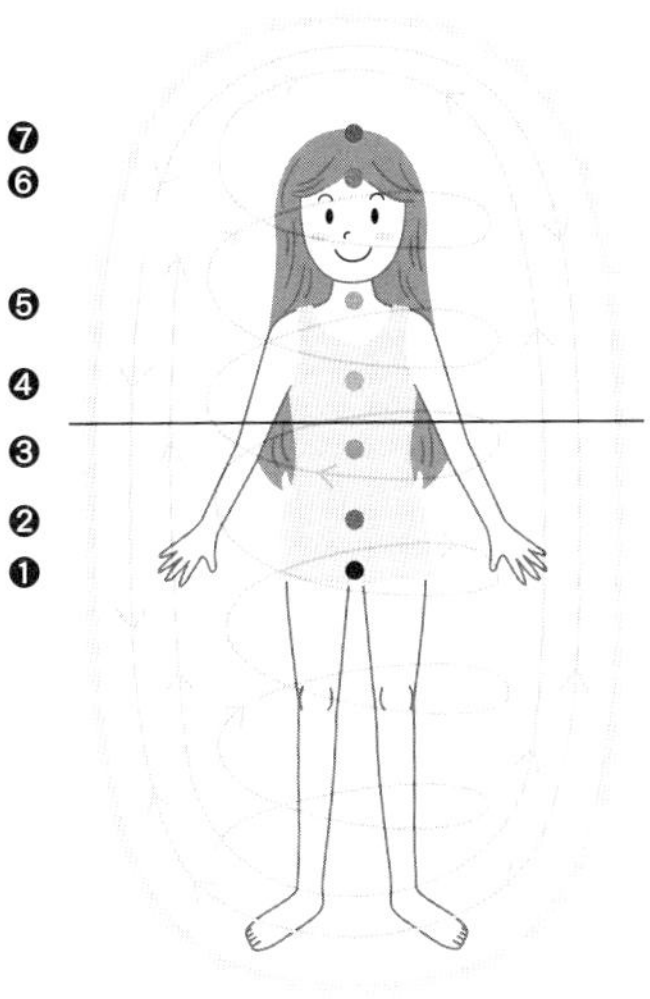

チャクラとエネルギー

❼クラウンチャクラ
❻サードアイチャクラ
❺スロートチャクラ
❹ハートチャクラ
（ポジティブエネルギー）

❸ソーラープレクサスチャクラ
❷セクラルチャクラ
❶ルートチャクラ
（ネガティブエネルギー）

▶❶～❸のチャクラは、地球に根ざしたネガティブエネルギーを生み出し、❹～❼のチャクラは、宇宙とつながるポジティブエネルギーを生み出す。
▶通常、エネルギーはオーラ内を縦横無尽に流れている。チャクラはエネルギーの流れをよくするため（つまり、願いをかなえるため）に機能している。

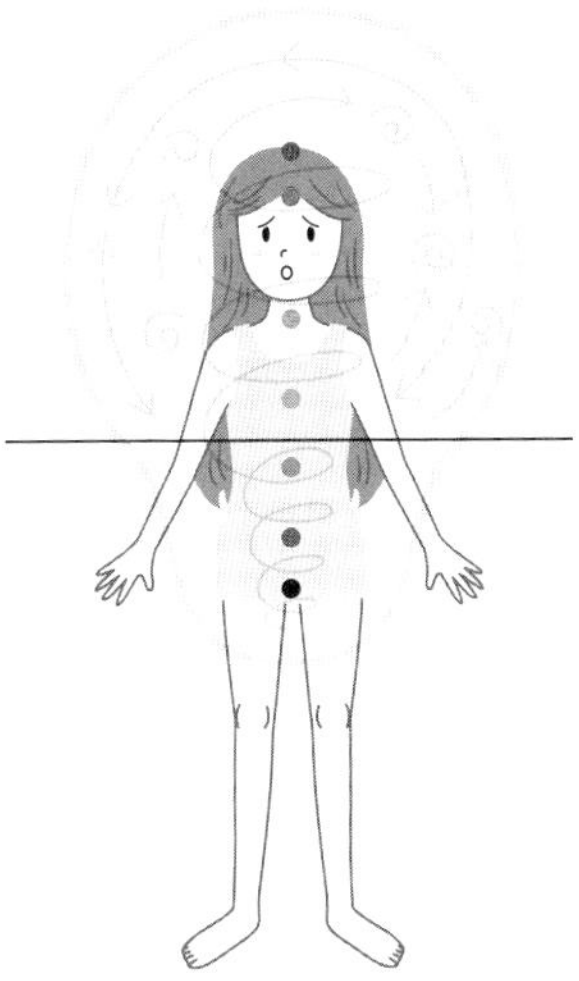

お金を生み出せない人のエネルギー状態

▶ポジティブエネルギーばかりだと、上半身のエネルギーだけが大きくなって、バランスがとれていない状態。ある意味、脳内〝お花畑〟状態。

▶ネガティブエネルギーが弱いと、お金に無頓着、お金のことになると思考停止になる。また、ネガティブな出来事への耐性がなく、自分のことや物事を客観的に見られない〝ネガティブアレルギー〟に陥る。

▶ポジティブ、ネガティブ両方のエネルギーがバランスよく流れることで、願いがかない、お金もやってくる。

どという日があると思うのですが、そんなときは下のほうのチャクラ（第1から第3のチャクラ）が多くのエネルギーをキャッチしています。

一方、ワクワクすることや、大好きなことをやっているときというのは、上のほうのチャクラ（第4から第7のチャクラ）が多くのエネルギーをキャッチしています。

そしてお金のもつエネルギーにもっとも近いのは、第1チャクラがキャッチするエネルギー。

お金を取り扱うときにはこのエネルギーをうまく活用する必要があります。

第1チャクラは、「**グラウンディング**」する機能をもつチャクラです。つまり、大地にしっかりと根っこを張って、現実を生きる力を手に入れる。

このチャクラが開発されていると、物質的なこと、日常の実用的なことをこなすことがよくできるようになります。

「ワクワクすること」「大好きなこと」をやっているのにうまくお金が稼げないとい

う人は、上のチャクラがキャッチするエネルギー（以下、上のエネルギー）が多く、下のチャクラがキャッチするエネルギー（以下、下のエネルギー）が少ない人。

愛や喜びを感じているので基本的にはとてもしあわせですが、いざお金のことになると、いまひとつそのためのエネルギーが足りないのです。

つまり、「エネルギーを下げる」というのは、下のエネルギーを増やすということ。どのチャクラもつねに回っているので、下のエネルギーが増えたからといって、上のエネルギーが減るわけではありません。もともと上のエネルギーが多い人は、それはそのままで下のエネルギーも増やすことができるのです。

ちなみに、エネルギーは滞りなく流れている状態がベストな状態なのですが、チャクラの役割のひとつはこのエネルギーを流すこと。その人のエネルギーをスムーズに流すためにチャクラはあるのです。

行動を変えるだけで、エネルギーは下げられる

チャクラというのは、肉体につながったエネルギーの出入り口ですから、肉体のほうからのアプローチでエネルギーを下げていくこともできます。

その方法のひとつは、**下腹にぐーっと意識を集中させること。**

下腹に軽く手を当ててもいいですよ。そしてそこに、体の中のエネルギーを落としていくイメージをします。

女性なら、生理痛のときに下腹が重く感じるときがあると思うのですが、その感じをイメージするのでもよいでしょう。

もっと手軽な方法もあります。

そのひとつは**数字を見ること。**請求書、お給料の明細書、通帳、株価の一覧など数字なら何でもいいので見てみると、エネルギーが下がっていきます。

エネルギーが上がっている（波動が高い）人は、お金の出し入れについて、無関心になりがち。だから、なるべく自分の財布や通帳にあるお金の「数字」に意識を向けるようにしてみてください。

また、ジャンクフードなど**「体に悪そうだな」と思うものを食べる、**という方法もあります。

たとえば私は、セミナーなどで一日中宇宙の話をして、そこに参加してくれた人が熱心に聞いてくれると、とてもふわふわした気分になるときがあります。波動がとっても高い状態で、何だか地に足がついていないような感覚になるのです。

「でも帰宅後にはお金関係のことをきちんと考えないといけない」などというときには、味の濃いラーメンや脂たっぷりのお肉など、ヘルシーとはいえないようなものをあえて食べます。するとふわふわした気持ちがずっしりと落ち着く感じになるのです。

また、人混みのなかに行くのもエネルギーを下げるためには効果的です。雑多な人のエネルギーのなかに飛び込むだけで、波動は下がります。

お金のことを考えるときにはあえて人の多い場所に行って行う、というのも効果的でしょう。

不安なときほど お金を得るチャンスは高まる

エネルギーを下げるというのは、下のエネルギー（厳密には第1チャクラがキャッチするエネルギー）を増やすことなのですが、このエネルギーについてはあらかじめ知っておいたほうがよいことがあります。

そのひとつは、このエネルギーが不安や怖れなどのネガティブなエネルギーであるということ。

つまりエネルギーを下げると、同時に不安や怖れも生じるのです。お金のことを考えると不安が生じやすいのはこのためなのですが、これを知らないと「わっ、不安なのはイヤだ」とよけいに背を向けたくなってしまうでしょう。

でもあらかじめわかっていれば、不安を感じても「あっ、そういうものだよね」と受け止められますよね。

じつは、あえて何もしなくても、エネルギーは自然に下がるときがきます。

エネルギーは基本的に「高い・低い」という波となって流れています。私たちはこの波の影響を受けるんですね。

たとえば日常生活のなかで、何だか落ち込んでしまうというときがありませんか？

私は基本的には「宇宙大好き！　もう毎日ハッピー！」という気分で過ごしていますが、それでも何をやってもうまくいかなくてイヤになる、というときもあります。

「自分は全然ダメだな、この広い宇宙でひとりぼっちだな」と感じるときがあるのです。これはエネルギーの波が低くなっているとき。

じつはこのような波が低いとき、**不安を感じたり、落ち込んだりするときというのは、お金が得やすいときでもあるのです。**

お金のエネルギーと一致しているので、お金が集まってきやすいのです。

私が「よし、講座をやろう」「イベントを企画しよう」などと考えるときというのは、やはり超不安なときです。

「あっ、お金がヤバイ！」「将来のことを考えると不安になってきた！」と思うようなときに新しい企画を考えると、とってもスムーズにいくし、結果もよくなります。

なので、不安なときというのはむしろお金を集めるチャンスなのです！

もうひとつ、第1チャクラがキャッチするエネルギーは、**肉体的欲求にかかわるエネルギーでもあるのです。**

お金をたくさん稼ぐ人というと、男性というイメージがありませんか？

一般的に女性より男性のほうが性的欲求は強いといわれていますが、男性の肉体のほうが第1チャクラのエネルギーが生まれつき活性化しているため、お金も稼ぎやすいのです。

また、いわゆる「お金持ち」と呼ばれる人というのは、（もちろん全員とはいいませんが）どこかギラギラした感じで、性的欲求も強そうな人が多いように感じませんか？

これは性的なエネルギーとお金のエネルギーはほぼ同等なものだからなのです。第1チャクラは性的エネルギーを司るチャクラでもあるのです。

よって性的な話はあまり聞きたくない、女性なら「性的欲求が強い男の人は汚らわしい」などと思う人は、この部分のエネルギーが巡りにくくなるのです。

そのような人は、自分のなかにある第1チャクラのエネルギーを見てあげてください。エネルギーは注目された部分が拡大していくので、「そういうエネルギーが自分のなかにたしかにあるな」と思うだけでいいのです。

ちなみに現代では性が商品化されて「いかがわしい」というイメージがついてしまっている部分がありますが、本来、男性性と女性性の交わりは、対極にあるものがひとつに統合するという美しいもの。聖なるものです。

「性的なものに抵抗がある」という人は、この美しい部分に着目するのもよいかもしれませんね。

エネルギーを下げることでもたらされる効果

さて、ではエネルギーを下げると、どのような効果があるのでしょうか。

全体的には、支払いがスムーズになったり、お金に関する手続きを積極的に行えるようになるなど、お金に関する行動がラクにできるようになります。

ほかにも次のような具体的な効果が現れます。

まずは**「お金、大好き！」「お金って何だかかわいい！」「お金をたくさん稼ぎたい！」といったことが、ためらわずに言えるようになります。**

これってじつはすごく大事なこと。

願いを声に出したときに違和感を感じないというのは、その願いのエネルギーがスムーズに動き出している証《あかし》でもあるのです。

そしてお金を得るためにはどうしたらよいか、その現実的なアイデアが閃《ひらめ》くなどします（上のエネルギーばかりが多い人は、お金を稼ぐことを考えたとしても、「宝くじで当てよう」「ものすごいアイデアで一攫《いっかく》千金を狙おう」などと夢物語のような発想しか湧きません）。

たとえばスピリチュアルの世界というのは、本来はすごく純粋なもの。でもいまの社会は、まだまだ男性性のエネルギーが根強く残っているので、純粋なものをそのまま市場に差し出しても受け入れられない場合が多いんです。

多くの人は、何か得するようなもの、役に立つものがそこについていないとお金を払う気にならない。

たとえば「これであなたも結婚できる！」とか、「ラクに稼げる！」とか、「スピリチュアルな能力が開花する！」などといった、わかりやすい結果を期待できないとスピリチュアル商品は買ってもらえないことが多いのです。

何よりもバランスよく使うことが大事

ここまでお金をスムーズに取り扱えるようになるために、低いエネルギー（第1チャクラがキャッチするエネルギー）をうまく使う方法をみてきました。

低いエネルギーは欲やお金に関するエネルギーなので、ここを使うだけでもお金を稼ぐことはできるようになります。

しかし、ここで忘れてはならないのは、やはり高いエネルギーもとても大事、ということ。

つまり、ワクワクしたり大好きなことをして宇宙とつながる高いエネルギーと不安や怖れや嫉妬や悔しさといった低いエネルギー、**両方のエネルギーをバランスよく使うことが重要なんです。**

ここで、高いエネルギーと低いエネルギーの違いをあらためて整理しておきましょう。

まず低いエネルギーは、肉体的欲求やお金にかかわるエネルギーで、基本「有限」という感覚をもたらします。

限りがあるというのは、いつかは尽きてしまう、いつかは終わってしまうということでもあるので、人を不安にさせますね。

ですから低いエネルギーのみでビジネスを行っている人は、基本的につねに不安です。どこまでいっても不足感や欠乏感が拭えないのです。

また「とにかく地位がほしい」「とにかくお金がほしい」「異性にモテたい」などの欲求に根ざしたビジネスであることも、低いエネルギーのみを使っている人の特徴です。

しかし一方で、実際にお金を動かしていくためには、この低いエネルギーが力を発揮します。

高いエネルギーは愛や霊性にかかわるエネルギーです。

お金では得られないしあわせ、心が満たされるようなしあわせというのは、このエネルギーがもたらします。

「ああ、私は全部もっているな」という統合の感覚や、「すべては無限」という感覚ももたらします。

ですから高いエネルギーがものすごくよく活性化している人は、物質的なものが必要でなくなる。お金にも興味がなくなります。

物質的なものは何ももっていなくてもしあわせを感じられるのです。

しかし一方で、お金を生み出すアイデアなどは高いエネルギーから生まれますし、人を惹《ひ》きつけるのも高いエネルギーです。

つまり、お金を潤沢に生み出してきちんと受け取るには、この上と下のエネルギーをバランスよく使う必要があるのです。

本書の冒頭で、「お金を稼ぐようになるためにもっとも大事なのは、『これが私なんだ！』というゆるぎない自分を見つけることだ」とお話ししました。

これは自分のなかにある、ワクワクすること、本当に楽しいと思うことを見つけて「これをやっている私こそが私なのだ」という確信をもつことでした。

これは、高いエネルギーと低いエネルギーの両方が必要です。

ここまでいろいろなことをお話ししてきましたが、**お金を稼ぐようになるために必要なのは、じつはこのふたつのエネルギーを上手に使うことだけなのです。**

これさえできれば、もう本当にあなたの元にお金がやってきます！

エピローグ

お金がザクザクやってくる自分の〝つくり方〟

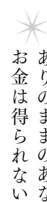

ありのままのあなただけでは
お金は得られない

これまで、お金を手にするためのエネルギーの扱い方を中心にみてきました。

自分自身のエネルギーで生きるために、またエネルギーの純度を上げて生きるためには、「自分の価値」をしっかり自分で認めてあげることが大切だということをお伝えしました。

では、あなたがこれからお金をかんたんに手に入れるために、実際にどうしたらいいのか、という話をしたいと思います。

この本を読んでくださっているみなさんは、おそらく〝スピリチュアル好き〟が多いと思いますが、スピリチュアルな世界というのは、どちらかというとビジネスやお金を生み出すこととは、少し軸がズレているかもしれません。

なぜかというと、スピリチュアルというのは基本的な「自己受容」や「癒やし」をテーマにしていることが多く、「ありのままの自分を愛する」とか「そのままの私でオッケー！」といったメッセージが多いからです。

これまでの人生で傷ついた過去を癒やし、そのままの自分を愛することの大切さを教えてくれる、やさしい場所でもあります。


あなたは生まれたときから完璧で、欠けているものなんて本当は何もない――それは、たしかにそうなんです。

だから、あなたがいまいくらお金をもっているとか、いくら稼いでいるとか、それがそのまま、あなたの価値になるわけではありません。

お金を稼げなくても、お金をもっていなくても、自分を卑下する必要もないし、価値がないわけじゃない。

でも、ときにスピリチュアルな人が陥りやすい落とし穴ですが、だからといって、けっして「**何もしなくてもお金が宇宙から降ってくる**」わけではないんです。

スピリチュアルを学んだ人たちのなかには、自分らしくいて、いつもいい気分でいれば、お金は勝手に入ってくると信じている人たちがいます。

「使ったら使ったぶんだけ、お金は入ってくる」というのも流行《はや》りでしたね。

たしかに、前の章でお伝えしたように、自分が本当に大好きだと思うことにお金を使っていくと、また自分の元に戻ってきます。

エネルギーの流れをつくってあげると、お金のよい循環ができるのは事実です。

でもそれは、「どんどん使えば、どんどん入ってくる」というのとは、ちょっと違います。

自分らしくいること、そしてポジティブな気持ちでいることは、スピリチュアルな感覚を開き、たくさんのアイデアやインスピレーションを、あなたにもたらしてくれます。

でも、**それだけでは、お金を手にすることはできません。**

あなたは、「いい気分でいる」だけでお金をたくさん手にしている人を見たことがありますか？

「ワクワクしているだけ」でお金を稼いでいる人を知っていますか？
ごめんなさい、私は見たことがありません（笑）。
湯水のようにお金を使っていたら、湯水のようにお金が入ってきましたか？
たぶん、使ったぶんだけ、なくなったのではないでしょうか？（笑）。

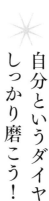

自分というダイヤモンドの原石をしっかり磨こう！

まず、あなたが本当に、お金を自由自在に生み出したいのならば、これまでの話と矛盾するように感じるかもしれませんが、**「宇宙でいちばん最高である自分」「存在するだけで価値のある自分」を、いったん手放してください！**

どうしてこれが大事かというと、「満たされた状態」や「完璧な自分」というのはある意味、満足してしまっている状態なので、何か新しいものを生み出そうとするエネルギーがとても弱い状態なんです。

これまで何度か述べてきたように、お金を生み出すには、欠乏感や不満足感といった「ネガティブエネルギー」が必要になってきます。

お金は、わりと低いエネルギーでネガティブ寄りなので（けっして「悪い」という意味でのネガティブではありません）、自分自身や自分の環境に対して、ネガティブな気持ちがあったほうが、お金は手に入れやすいのです。


「完璧な自分」を一度手放して、自分のことを本当に客観的に見てください。

いままでスピリチュアルな世界にいて、ポジティブな自分、最高で完璧な自分にしかフォーカスしてこなかった人は、この作業はけっこうつらいかもしれないけど、これ、本当に大事です。


たとえば、実際はお金がないのに、「いま、ここにすべてがある」という〝スピリチュアルな法則〟にしたがって「お金がある」と思い込もうとしてきた人は、**ちゃんと「お金がない」という事実に目を向けてください。**

「ない」という想《おも》い、「欠乏感」をもっていることは、本当にほしいものを手に入れるためには、ある意味チャンスなんです。

だから、いまの自分には何があって、何がないのか、把握すること。自分をちゃんと客観的に見ることが大切です。

きっと、この本を読んでいるほとんどの人が、「お金がない」状態だと思いますので、いまの自分には「お金がないんだ」ということをちゃんと認識してください。

そして、いままでの生き方ややり方や働き方では、お金がない状態が続いていたのだから、自分の何かを変えないとダメなんだという、スタート地点に立つことが大事です。

自分を丸裸にして客観的に見ていくことで、これまで見えていなかったものが、いろいろ見えてきます。

現実の自分の姿を見て落ち込むこともあるかもしれませんが、落ち込んだり、絶望したり、恥ずかしくなることって、じつはすごくいいことなんです！

無理やり「自分は完璧！」って思い込もうとして、何もしないでありのままの自分最高！ってふんぞり返っている「裸の王様」になってしまうよりも、ずっといいと思います。

まず、これをすることによって、**自分自身が「ダイヤモンドの原石」になります。**

まだ何の輝きもない、無機質な存在ですが、それでもダイヤモンドなんです。
ダイヤって、原石でもすごく価値があって、高価なものなんですよ。
だから、いまあなたが自分に絶望して、何もできない、お金が全然ない状態だったとしても、その本質は、すごい価値のあるダイヤモンドだってことを忘れないでいてください。

自分の姿を客観的に見たら、いまのあなたに足りないものが見えてきます。
たとえば、あなたがすごく憧れている人や、尊敬している人がいたとします。

そういう人と、あなたの違いは何でしょうか？

あなたがお金を自由自在に生み出したい！　と思っているのならば、**実際に、そのようにお金を生み出している人と自分とを比べてみてください。**

よくスピリチュアルや自己啓発の分野では、「自分と他人を比べないこと」って言われますが、このときばかりは、ちゃんと比べてください（笑）。

人と比べることがなぜ大事かというと、世の中や社会で、すでに成功していたり結果を出している人は、世の中や人々のニーズを満たしている「何か」をもっているんですね。

そして、あなたが今うまくいっていないとしたら、その「何か」が欠けている、ということになります。

だから、いまの自分自身には何が足りていないのかをしっかりと知って、その足りていない部分を磨いていきましょう。

ひとりよがりでなく評価されてこそ価値をもつ

お金をしっかり稼いでいる人、お金をたくさんもっている人は、お金のネガティブな面にも、ちゃんと目をそらさずに向き合っています。

「お金を得る」「お金を稼ぐ」というのは、ポジティブな面ばかりではありません。お金は、社会のなかで流通しているので、そこには国や政府のさまざまなルールや条件がかかわっています。

だから、自分がいい気分でいること、自分らしくいることも、もちろん大切だけど、お金を出す人、お金を使う人の考え方、社会の流れや必要とされているもの（ニーズ）などをきちんと知ることも、同じくらい大切なことなんです。

先ほどもいいましたが、お金は社会のなかで流通しているものです。

だから、どれだけ自分がワクワクしていい気分でときめいていても、相手にとって価値がないと評価されたり判断されてしまったら、当然、お金を得ることはできません。

つまり、「自分に価値がある」という自信と信念をもつことは、お金を手に入れるための絶対条件ですが、それが、ほかの人に受け入れられなければ、実際にお金に変わることはありません。


お金を自由自在に生み出すために、自分で決める自分の「価値」と、人から受ける自分の「評価」をごちゃまぜにしないことが大事なんです。

いくら、自分らしく、自分の大好きなことをするといっても、それがひとりよがりやわがままなものであってはダメ。

お金を生み出すということは、どうしても**人からよい評価を受けるような商品や、よい評価を受ける自分自身になる必要があるの**

です。

お金を生み出すためには「価値あるものを生み出さないといけない」「いい評価を受けないといけない」——そういわれると、何かすごい能力を身につけなくちゃいけない、才能をめちゃくちゃ発揮して完璧な自分にならなきゃいけない、完璧なものを生み出さないといけない！　と思ってしまうかもしれません。

だけど、けっしてそうではないのです。

不完全なままでも、何かが欠けている状態でも、未熟でも、経験が浅くても、いい評価を得ることはできます。

これまでの時代では、完成度の高いもの、時間をかけてつくられたもの、洗練されたもの、それらが、ポジティブな評価を受ける時代でした。

でも、いま、それが変わってきています。

未完成のような作品でも、時間がかかっていなくても、凸凹に思えるようなものでも、一見何の価値もないように思えるものでも、「場所と人」をきちんと選べば、ものすごい価値を生み出し、よい評価を受けることができるんです！

あなたが「価値」をもつ場所を見つけましょう

たとえば私の場合、20代前半のころから、ずっとスピリチュアルな世界を探究して、そこに時間とお金をかけていたので、膨大なスピリチュアルな情報や知識や経験がありました。

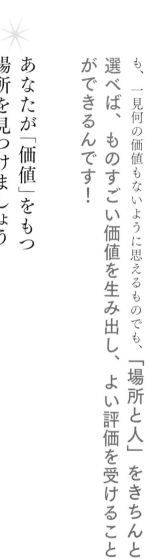

でも、私はずっと派遣ＯＬだったので、私がいた会社や部署では、もちろんスピリチュアルな情報は誰も求めていないし、そこでは価値なんてゼロに等しかったのです。

だから、私自身も、自分が知っていることに「価値がある」なんて思ってなかったし、「それでお金を稼げる」なんて、これっぽっちも思っていませんでした。

それが一転、いまのようにお金を稼げるようになったのはなぜでしょうか？

それは、**「スピリチュアルな世界」に飛び込んだからです。**


このことは当たり前すぎるので、「？」となるかもしれないんですけど、「価値を生み出す」という点においては、とても大切です。

あなたがもっている情報や経験に「価値がある」と見なされる場所やジャンルや業界に身をおかないと、どれだけ自分を磨いて、勉強して、能力を開花させても、あなたの評価を上げることはできません。


よく見かけるのは、私のところにアカシックリーディングを学びに来て、そのまま意気揚々とアカシックリーディングを始めるんですが、「お客さんが全然来ない」といってあきらめて、やめてしまう人。

そういう人を見ると、いままでの自分の友だちしか見ていないようなＳＮＳで発信していたり、それも友だち限定公開だったりします。

つまり「場所と人」を間違えてしまっているために、必要なところに届いていないわけです。

私の知り合いに、スーパーで売っている100〜300円ぐらいのオモチャつきお菓子のオモチャだけをメルカリやオークションで売って、月20〜30万くらいの売上をあげている人がいます。

私も子どもがほしがるので、たまにそういうお菓子を買ったりしますが、その程度の価格のお菓子についてくるオモチャなんて、たかが知れていますよね。子どもは喜ぶかもしれませんが、私だったら、すぐに捨ててしまうレベル（笑）。

でも、じつはそういうお菓子のオモチャをコレクションとして集めている収集家はけっこう多く、日本だけでなく海外にもいて、そういう人たちが、元のお菓子本体より高い金額で買ってくれるそうです。

その人が言うには、日本になかなか来ることのできない海外のコレクターには、大喜びをされて、感謝されるそうです。

これは見事に適切な「場所と人」を選んで、価値といい評価を生み出したビジネスモデルだと思います。

「一見、そんなことで？」と思うような価値がないように思えることでも、適切な場所と人を選んだら、お金が生まれるほどの価値といい評価が生まれるという、よい例ですね。

このように、「そんなことでお金が稼げるの？」と思うようなビジネスモデルでも、それだけで生活をしている人は、けっこういるそうです。

前に取り上げたツイッターで有名な中学生のキメラゴンくんも同様です。

彼が売っているコンテンツは「自分が1年で月収30万円稼ぐために、どのようなことをしてきたか」という、成功のプロセスを書いたもの。

自分が売上を出すために具体的にしてきたことを、1か月目はコレ、2か月目はコレ、という感じに時系列にまとめたデータなんです。

いまや、月商1000万円を超えてフォロワーも何万人といて、すっかり有名になった彼ですが、最初のうちは月収1500円でフォロワーも500人程度だったそうです。

そこから成功していくまでのプロセスや、成功するまでに意識していたことや大切にするべきことを書きためて、コンテンツにしたんです。

そういった自分の経験やささやかな知識でも、同じようにネットの世界で稼ごうとしている人たちにとっては大きな価値をもつのです。

彼のコンテンツは、もはやネットビジネス界ではものすごく価値のある「教科書」として買われています。

完璧でなくても、ものすごく完成されたものでなくとも、自分のこれまでの人生のなかで、苦しみや悲しみを乗り越えてきた経験だったり、同じような夢や願いをもっている人に、自分のがんばっている姿や想《おも》いを伝えていくことでも、価値を生み出すことができるのです。

そういう意味で、**本当にいろんなところにお金を生み出すチャンスが転がっている**といえます。

こういう時代に生まれてきたというだけで、あなたは超ラッキーな人。

だから、あとは、あなたが自分の頭で考えて、そこらじゅうに落ちているチャンスを拾うだけ。

お金がザクザク入ってくるチャンスは目の前に転がってますよ！

あとがき

この本を手にとっていただき、ありがとうございます。

今回は、「お金」をテーマにして書かせていただきました。

私自身、これまでお金に関してすごく苦労してきたので、この本に書かせてもらった「お金を自由自在に生み出す方法」に気がついたとき、これは絶対にみんなに伝えなくては！　と強く思ったのです。

これからの時代は、お金に関しての価値観や考え方や扱い方も、大きく変わっていきます。

この本を読んでくださったみなさんなら、すでに時代が変わり始めているのを敏感に察知しているのではないかと思います。

これから20～30年くらいかけて、世界レベルでたくさんの変化が起きてきます。

経済、気候、働き方、お金の価値観やお金の流れ、人々の意識、スピリチュアルな世界、食生活や健康に対する意識……。

世界の変化に合わせて、私たちも意識や行動を変化させていかなければなりません。

これまで通用していたことが通用しなくなったり、見ないようにして避けていたことが避けられなくなったり。または、あり得ないチャンスや情報が舞い込んできたり、働き方や生き方を変えるようになったり。そして、これまで以上にスピリチュアルな世界が広がり身近になってきたり……。

いま私たちはよくも悪くも、時代の転換期のど真ん中に生きているのです。

なぜいま、このような大きな変化が起き始めているのか――それは、地球レベルでのエネルギーのシフトが起こっているからです。

地球は、1万3000年周期で、「統合のエネルギー」と「分離のエネルギー」が交互にシフトしています。

これまでは「分離のエネルギー」が台頭していた「分離の時代」でしたが、これから始まるのは「統合の時代」です。

いまという時代は、ちょうどこのエネルギーシフトが起きたばかり。

すでに統合の時代は始まっていて、いま私たちは、分離と統合のエネルギーの境目にいるのです。

地球は、このエネルギーシフトを起こしながら、宇宙規模の大きなプロジェクトを成功させようとしています。

宇宙のプロジェクトの大舞台――それが、地球という惑星なんです！

いま、本当にたくさんの目に見えない存在たちが、地球に集まってきているのですが、それは、多くの魂がいまだかつて誰も成し遂げることのできなかった、この宇宙規模の大きなプロジェクトに参加したがっていて、その動向を見届けようとしているためです。

地球は宇宙中から大きな注目を浴びているのです。

こんな話をすると、「これからどんなことが起こってしまうの？」と不安に思う方も出てくるかもしれないけど、そんな必要はまったくありません。

言い換えれば、あなたの目の前に、大きな希望と新しいチャンスが現れているということなんです！

宇宙全体で何が起きているのかを理解すれば、いまから地球で起こる世界レベルの大変容が理解できてきます。

このすごく貴重でおもしろい時代を、私たちはみな自分で選んで生まれてきているのです。

「やったー！　ついに分離の時代は終わり、これからは愛の時代、統合の時代だ！」

そう大喜びしたいところですが、地球のエネルギーが完全に「分離」から「統合」に切り替わるには、だいたい1000年くらいの幅が必要です。

いま私たちは、ちょうどエネルギーの切り替えのポイントにいるのです。

だから、これからは「分離」と「統合」を同時に体験し、同時に見つめていく時代になるということです。


ある意味、それはカオスです。混沌《こんとん》とした時代です。

ある一方では、「愛の世界」が広がっていて、もう一方では、「ウソのように残酷な世界」が残っている。

どちらの世界に目を向けるかは、本当にあなた次第です。どちらの世界を選ぶかは自由に決めることができます。だけど、どちらもこの世界の真実なのです。


これまでのスピリチュアルや自己啓発では、ポジティブなことだけに目を向けて、すべてをポジティブにとらえるような風潮がありました。

だけど、これからの時代に大切になってくるのは、「ネガティブなことからも目を背けずに、ちゃんと見て受け入れること」。

自分にとって不都合なことを排除するだけでは、本当の意味でスピリチュアルに目覚めることができないからです。

もちろん、いま好きなことだけをしていて、好きな人たちと過ごしていて、望むものをすべて手に入れ、本当にしあわせな人生を送って充実しているのなら、それはとてもすばらしいことです。

だけど、好きなことだけをして自由に生きているのに、なぜか満たされず、モヤモヤとした気持ちでいるならば、一度、本当に深く自分を見つめ直す必要があるかもしれませんね。

この本のテーマである「お金」についてもそれは同じで、時代の変化とともに、自分次第でお金を手に入れることがかんたんにできるようになってきます。

でも、それは何もしなくてもお金を生み出す魔法があるわけではありません。

宇宙からお金が降ってくるわけではなくて、やはり「あなた」という宇宙でいちばんパワーのある存在が、自分の意図とエネルギーを使い、自ら行動を起こして、望むお金を生み出していく必要があります。

いままでお金に関して行動ができなかった方は、「なんだやっぱり、自分で行動を起こさないといけないのか」とがっかりするかもしれませんが、言い換えれば、小さな行動を起こしさえすれば、これまで手に入りにくかったお金が、かんたんに手に入るということです。

いまの時代は、本当にチャンスだらけなんです！

とても豊かで恵まれた時代にいることを意識して、自分の望むものをいますぐ意図して、獲得しにいってくださいね。

最後まで読んでいただき、本当にありがとうございました。この本を手にとってくれたすべての人に感謝します。

みなさんに、これから無限のお金と豊かさが舞い降りるように、いつも意図しています。

そして、これまで私とかかわってくれた家族、友人、仲間たちへの感謝を少し述べさせてください。

公私ともにいつも支えてくれるスタッフの辻由佳さん、ジュエリーデザイナーの松山由佳さん。アカシックアカデミージャパン講師&生徒のみんな、尊敬し、刺激を与えてくれる起業仲間である渡邊みかさん、星野ワタルさん、森みさきさん。起業したてのころにビジネスについて教えてくれてお金の価値観を変えてくれた山崎真美さん。

どんなにつらいときも悲しいときも疲れていても、そばにいて支えてくれるふたりの子どもたち。そして、前回から今回の本まで担当してくださったサンマーク出版の斎藤竜哉さん。私の人生にかかわってくれたすべての方……。

とくにここに名前を挙げさせてもらった方々がいなかったら、いまの私はここにはいないし、この本も出ていないでしょう。心から感謝申し上げます。

いつもみんな本当にありがとう！
どこにいても、どんな関係になっても、ずっと愛しています。

2020年3月

服部エリー

服部エリー（はっとり・えりー）
大学卒業後、ＯＬや派遣社員など職を転々としていたが、２０１１年の東日本大震災後に突然「宇宙の図書館」といわれるアカシックレコードとつながり、個人セッションやセミナーを開催し始める。その活動を通して、誰もが思いどおりの人生を生き、願いをかなえることができると確信し、願いや夢をかなえるための情報を発信し続けている。起業家、作家、映像・ウェブクリエイター、ユーチューバー。ブログやＳＮＳを通して多くのファンをもつ、次世代のスピリチュアルリーダー。著書に、『とにかく願いはゼッタイかなう！それが「宇宙の掟」だから。』（小社刊）がある。
公式サイト http://ellieellie.com

お金がザクザクやってくる
宇宙の錬金術

2020年3月20日　初版印刷
2020年3月30日　初版発行

著　者　服部エリー
発行人　植木宣隆
発行所　株式会社サンマーク出版
〒169-0075
東京都新宿区高田馬場2-16-11
電話　03-5272-3166
印　刷　三松堂株式会社
製　本　株式会社若林製本工場

ISBN978-4-7631-3783-8 C0030
ホームページ https://www.sunmark.co.jp